韓国人が書いた

韓国が「反日国家」である本当の理由

崔《チェ》碩《ソ》栄《ギョン》 著

彩図社

はじめに

2012年ロンドンオリンピックのサッカー銅メダル決定戦。韓国の勝利に終わったこの試合後、韓国の朴鍾佑《パクジョンウ》選手がとった行動が物議を醸した。「독도는 우리땅（竹島は我が領土）」と書かれた紙を持ち上げてグラウンドを走り回ったのだ。

オリンピック委員会は彼の行動が政治的な行動を禁じている規則に反するという理由でメダル授与を保留し、調査に着手した。韓国内でも選手の軽率な行動に対して批判の声があがった。しかし、私は彼の行動が愚かで、軽率だったと思う一方で、彼に同情する。なぜなら私には彼が「被害者」に思われるからだ。

韓国選手団では選手たちを対象に「政治的な行動をしてはいけない」と何度も教育をしたというが、興奮した選手に理性は効かなかった。相手が日本だったからだ。日本には勝たなきゃいけないという強迫観念、そして日本に勝ったということで感じる痛快さがある。日韓戦への強迫観念はおそらく大統領自ら「（日本に）もし負けたら、玄界灘に身を投げろ」と厳命した李承晩《イスンマン》時代（1948〜1960）からの伝統であろう。そして、反日ムードに湧き上がったスタンドの空気に興奮した選手がトラブルを起こしたケースも初めてではない。2011AFCアジアカップにおける奇誠庸《キソンヨン》選手の猿真似パフォーマンス騒動（第1章）は記憶に新しい。

しかし、これらは、韓国人の本性でもなく、スポーツ選手の本能でもない。これは「日本」という「刺激」に対して反応するように学習された「条件反射」である。

その後、国際オリンピック委員会（ＩＯＣ）が朴鍾佑選手の行動に対し、懲戒の動きを見せると韓国サッカー協会（ＫＦＡ）は事態をなんとか収めようと日本サッカー協会に「書簡」を送った。選手の行動が不適切であったことを認めた上で、そこに計画性はなく、観客から紙を渡されて起こした突発的行動だったと弁明し、日本側に寛大な対応を求めたのだ。ＫＦＡとしては、日本側をなだめることで、問題の拡大を避けようとした苦肉の策であったのだろう。しかし、韓国内では、「書簡」に謝罪表現がある点を問題視し、「屈辱的だ」と怒りの声が上がった。

この一件はついにＫＦＡ会長を国会に召喚し、国会議員が激しい罵倒を浴びせるという事態にまで発展した。選手の国際試合出場禁止処分、オリンピック参加への制裁を受けることがあっても、日本に頭を下げてはいけないのだ（なおこのオリンピックサッカー問題の切っ掛けとなっているのは李明博《イミョンバク》大統領が竹島を電撃訪問した事件である。それについては、第３章で述べたので、そちらを参照してほしい）。

現在、日本と韓国の間には色々な問題が山積みである。例えば、竹島問題、慰安婦問題、強制動員賠償問題、歴史教科書問題、日本海―東海名称問題、旭日旗問題など。これらは定期的に両国のニュースを賑わす。これらの問題を訴えるのは大抵の場合、韓国側からで、日本を批判したり、抗議したりしながら「反日感情」を表す。

これらの問題について抗議する人たちは、慰安婦と強制動員経験者に同情し、歴史を歪曲する日本に怒り、韓国を愛し、日本統治期を生きた先祖のことを思い抗議しているのだろうか。もちろん、そういう人たちもいるだろう。しかし、「違う目的」を持っている人も少なくないというのが事実である。そして、その「違う目的」は「過去」と関係がない場合が多い。

前に列挙した問題を見直してみよう。現在、日韓が衝突する主な原因になっているこれらの問題は、終戦直後には存在しなかった。日本統治期の証人であった韓国人のほとんどが終戦直後には、強制動員、慰安婦、日本海問題などについて問題提起をしなかったのだ。しかし、それが「何者かによって」少しずつアップデートされてきた。

70年代には強制連行問題が新しく加わり、80年代には慰安婦問題、90年代には日本海―東海名称問題が現れた。そして、一度アップデートされた項目はそのまま日本の統治を経験していない現在の若い世代の間で怒りと鬱憤の「素材」として定着してしまった。これは不自然な展開ではないだろうか。

これらの「現象」は偶然、そして突然現れたものではない。人によって、団体によって、政治勢力によって、学者によって少しずつ加えられ、修正され今に至っている。つまり、色々な人によって「育てられて」きたのだ。彼らの目的、政治的な性向、年齢などは異なるが「手段」は一緒だった。それが「反日」である。

私は日本に約10年間滞在した。その間、日本の小説、音楽、書籍、映画など、韓国ではめったに接することができない情報に触れてきた。それらの情報の中には当時の私の常識に反する内容のものも少なくなかった。

私は混乱を起こした。長年持っていた「常識」が、一夜で「非常識」になるような内容すらあったからだ。当時、日本でそれらの情報に触れるまで私の持っていた常識は、韓国で普通に生活していた若者が持つ、ごく普通の常識だったはずだ。

韓国で育ち、教育を受け、生活をし、私の中の常識となっていた「知識」と、日本においてテレビや書籍などの情報が私にもたらした私にとって「非常識な知識」は相容れるようなものではなかった。

私はそこでより多くの資料と情報を自分の眼で確かめることにした。その結果は驚くべきものだった。私が「当たり前」だと思っていたことの中に、数多くの間違いと矛盾が見つかったのだ。韓国の教科書、新聞、TV、政府の発表から次々と出てくる間違いと矛盾に当惑した。

だがそれは問題の始まりに過ぎなかった。私が韓国人の友だちにその内容を話すと、彼らは神経質な反応を見せるか、そうでなくても私の話を信じようとはしてくれなかったのである。正確な根拠を示しながら話しても、返ってくるのは「親日派になった」という指摘だけだった。

日韓関係という敏感な話題の前で、根拠や論理は重要なものではなかった。それより重要なのは「我々」と「民族」だった。私は彼らの認識を変えることが不可能に近いことに気付いた。彼らにとって日本に対する認識は信仰と同じように絶対的で、簡単に変えられるものではないからだ。

韓国人はなぜこのような認識を持つようになったのか、という単純な好奇心から私の作業が始まった。

資料を調べたり、韓国社会を客観的に観察したりするうちに気付いたのは、韓国社会で生まれ、育った人は自然に「反日型人間」になるように仕組まれた社会構造、つまり、「反日システム」が形成されているということである。限られた情報だけを提供する人々、そして、それを利用する人々が構築、運営する「反日システム」の中では、日本は「悪い国」にほかならない。

もしかしたら、「反日システム」が教え込むように日本は実際「悪い国」かもしれない。しかし、そう判断するのは自分の目で日本を見て、自分で経験してからでも遅くないのではないだろうか。他人が、テレビが、先生が伝える情報には伝達者の「意図」が含まれる可能性が高いからだ。

私はそう考え、「反日システム」について、さまざまな角度から検証を進めていった。すると、その中から、なぜ、韓国人は日本に対してこれほど過剰に反応するのか、「反日」を国是として掲げているかのような言動を取るのか。その理由が見えてきた。それをまとめたのが本書である。

韓国の過激な反日感情を見て驚く日本人もいる。しかし、それらは自然に発生した感情ではないことを本書で説明したい。「反日型人間」として成長せざるを得ないシステムに作り上げられた「人工的な」感情が暴走しているのである。そして、そのシステムは一つの団体、一個人によって作られたものではなく、長い間韓国社会の必要と同意によって完成、発展してきたものである。これを理解すればマスコミが伝える「飾られた韓国」ではなく、「素顔の韓国」が見えてくるだろう。

韓国人が書いた
韓国が「反日国家」である本当の理由

目次

第2章　反日教育の実態

第3章　韓国歴代政権の「反日」と反日主義の構築

第4章　反日で得する人々

第5章　韓国が認めたくない日本の姿

第6章　韓国が反日国家でなくなるために

第7章　日本社会への提言

※本文中韓国語文献の引用については、特に断り書きのない場合、著者による翻訳である。また引用文中、（　）で括った部分は著者による補足である。

第1章　韓国の高校生が見ている世界

「コンテンツ」と「ニュース」の温度差

21世紀に入ってから日本社会で目にすることのできる韓国関連情報は明らかに増えてきた。「韓流」に代表される韓国の音楽、ドラマ、映画、マッコリ（濁酒）、そして韓国語。韓国「コンテンツ」は一世を風靡した。ところが、韓国に対する関心が高まるに伴い報じられるようになった韓国関連の「ニュース」を見ると、日本に対し友好的とは言い難いものが少なくない。突如溢れかえった隣国の情報に混乱している人もいるのではないだろうか。

これらの情報はどれだけ韓国の実態を正確に伝えているのだろう。

コンテンツを通して日本人の目に映る韓国は、スポーツ強国、アイドルグループが世界で活躍している国、携帯とIT技術が優れている国である。

一方、「ニュース」に登場する韓国の姿は「コンテンツ」として紹介される韓国とずいぶん違う。韓国で起きる反日デモ、日の丸と日本の政治家の写真に火をつけるデモ隊、日本大使に石を投げつける市民運動家、日韓戦のたびに繰り返される熱狂的な応援、日本内で摘発される不法滞在者など「ニュース」を通じて伝えられる韓国の姿は、「コンテンツ」として伝えられる韓国とは別の国ではないかと疑いたくなるほどに異なった側面を見せている。忘れてはいけないことは「コンテンツ」は金銭的な利益を目的に発信されるという点である。

実際に韓国人は日本に対しどの程度親密感あるいは反感を持っているのだろうか。韓国人は何を見て、聞いて、習っているのだろうという疑問に対する答えは「コンテンツ」からも「ニュース」からもなかなか伝わってこない。

そこで、韓国人が実際にどのような日常を送っているか、ある韓国人高校生の一日を覗いてみることにする。

韓国の日常風景——ある高校生の一日

午前7時30分

朝食を取りながらテレビを見る。テレビでは先日のW杯アジア予選で行われた日韓戦のニュースが流れている。韓国の奇誠庸《キソンヨン》選手がゴールを決めた後、カメラに向けて行ったパフォーマンスについての話だ。「猿の真似」により日本を挑発するという彼の行為は国内外で批判を受けた。これを受け奇選手はツイッターに自分の心境を明かしたが、その内容がさらに物議を醸した。「観客席の旭日旗を見て涙が出た。私も選手である前に大韓民国国民です……」というツイートである。

彼のマナーは確かによくなかったと思う。でも、日本のサポーターが客席で旭日旗を振りながら韓国の選手を刺激したなら、彼の心境が分からないでもない。関連ニュースには「昨年の日韓戦では日本のサポーターが韓国のフィギュアスケートのスター金妍兒《キムヨナ》の顔写真を用いたお面を被り、頭には赤い角を付け金妍兒を悪魔のように表現し侮辱した」とのニュースも出ていた。考えてみたら確かにそのような格好をしている日本サポーターを見たような気もする。なんで日本人は自分たちの悪いマナーは棚に上げて韓国人の悪い部分だけを取り上げて問題にするのかな。

午前9時

授業が始まる。国語の先生が日本語の「残滓《ザンジェ》」を使わないようにと注意した。「国民学校《グンミンハッキョ》」が「初等学校《チョドゥンハッキョ》」に名前が変わったことも「国民学校」が日本統治期の「残滓」だったからだという。また、僕らが毎日のように使う「野菜《ヤチェ》」という言葉も、日本語から来た語彙だから、韓国語の「菜素《チェソ》」を使え、と声を荒げた。今までは知らなかったが、日常生活で使う言葉の中にこんなに日本語の痕跡が多いとは驚きだ。

午後1時

歴史の授業。文禄の役について。釜山に上陸し、漢陽《ソウル》へ向かって快進撃を続けた日本軍がソウルに近づくと、朝鮮の王は北西方面へ逃走。一方、二人の王子は江原道、黄海道方面に向かい、兵士と民兵を集めようとしたが日本軍に捕まり、捕虜になってしまった。

それでも、朝鮮は軍・官・民が団結し日本軍を退ける。李舜臣《イスンシン》将軍の活躍で朝鮮水軍が日本を圧倒したことも重要なポイントだ。先生の話によると、李舜臣将軍は海軍の名将として世界的にも有名な日本の英雄、東郷平八郎提督からも崇拝されていたという。誇らしく思う。

また、日本軍は朝鮮の卓越した磁器技術を欲しがり、朝鮮の陶工まで拉致、連行したという。拉致された朝鮮人たちは日本で苦しい生活をしただろう。

文禄の役の話をしながら日本を批判する韓国を見て「400年も前のことを問題にするのはおかしい」と思う外国人もいるらしいが、韓国の歴史と韓国人の痛みを知ったなら、韓国人の心も分かってくれるだろう。

午後2時

音楽の時間には韓国の伝統民謡「アリラン」を習った。先生の説明によるとアリランは世界で一番美しい曲として選ばれた曲だという。世界が認める韓国の伝統音楽についてあまり知らなかったこと、そして今まで大事にしなかったことが少し恥ずかしい。洋楽もいいが、わが国の文化を大事にすることが愛国の出発点ではないかと思った。

午後3時

2週間後に近づいた修学旅行の説明会があった。まだまだ先のことだけどスケジュールを聞いたり、計画を立てたりするだけでもワクワクしてしまう。やはり、修学旅行は高校時代の一番の思い出になるはずだ。写真もいっぱい撮ってくるつもりだ。

午後3時40分

友達と映画を見に鍾路《ジョンノ》に出かけた。広場に中年の男性たちが大勢集まっているのを見かけた。何かあったのかと気になって行ってみたら、日本が独島の領有権を主張することに対する抗議活動をしていた。日本商品の不買を呼びかけるキャンペーンだ。日本のブランドであるマイルドセブン、ホンダ、ソニー、オリンパス、ユニクロ、ニコンなどの日本企業の名前が書いてある板や紙を持って不買運動への参加を呼びかけていた。映画を見てから明洞《ミョンドン》に新しくできたというユニクロへ行ってみようと思っていたけど、ああいう人たちを見た後だと少し躊躇してしまう。独島は独島で、商品は商品だと考えるのはダメかな。取材に来たのか放送局の車両とカメラマンがたくさんいた。だけど、日本製品不買運動を撮影しているカメラがすべて日本製だったのには笑えた。

午後7時20分

映画を見てから明洞に行った。やはり服を買いたいと思ってユニクロ明洞店に行ってみたが、ものすごい長蛇の列に諦めた。でも、ウィンドウショッピングをしながら明洞を歩き回るだけでも楽しかった。

明洞には日本人観光客が多い。そこで、日本語が書かれた地図を片手にきょろきょろと周りを見回している人を見かけた。困っているようだった。日本語が少しできる友達が手を貸してあげたら、とても喜んでくれた。話してみると、その人は、実は在日韓国人だという。在日韓国人なのに韓国語ができないと恥じていた。しかし、韓国が好きだと、とても楽しそうな表情だった。

日本で在日韓国人として生きていくのは大変だろう。しかも、最近は大きな地震が頻発してとても危ないという。日本は裕福な国だが、地震が多くて住むには向いていない国だと思う。それに、東日本大震災の後は福島原発の放射能問題も深刻だと聞いた。韓国に戻ってきて暮らせばいいのに、なんでいつまでも日本に居るんだろう。

午後8時

友達と別れ、帰宅するため鍾閣《ジョンカク》の前でバスを待った。鍾閣の前は待ち合わせの場所として有名だ。今日も相変わらずの混雑だった。でも、大晦日のときのことを考えれば今日のは、混んでいるうちには入らないかな。大晦日は除夜の鐘を聞こうと人が集まって毎年ものすごい人ごみになる。何年か前僕も除夜の鐘を聞きにきたけど、大混雑でひどい目に遭った。

午後8時30分

バスの中。車内放送で、近所の病院の広告が流れる。病院の名前は「独島《ドクト》韓方病院」。最近「独島」という名前を冠した看板をよく目にする。「独島」について関心を持つ人々が増えているという証拠だろう。いいことだ。

午後9時

9時のニュース。休暇中の軍人が自殺したというニュースが流れた。部隊内での体罰と暴力が原因だったという。学校では体罰や暴力はなくなってきているけど、軍隊ではいつになったらなくなるのだろう。僕が軍隊に行く前にはなくなっていればいいけど……。

殴打とイジメ行為は日本の「残滓」とよく言われるが、そのような悪習は早く無くすことが大事だと思う。

午後11時

明日は野外授業がある日だ。オリンピック公園へ2年生全員で遊びに行く。最近は気温も暖かくなり、外で遊ぶには一番いい時期だ。明日あたり桜も満開じゃないかな。

午後11時30分

ベッドに入った。先週新しく買ってもらったベッドは広くて気に入っている。日本の住宅は部屋が狭くて、韓国の家庭を見た日本人はみんな、広さにびっくりするという。日本へ留学生として行っているいとこもワンルームで暮らしていると聞いたけど、狭い部屋で苦労をしていないか心配だ。もうすぐ12時だ。早く寝よう。

※

以上は韓国で暮らしている普通の高校生が日常の中で、体験し得る出来事・風景を紹介したものだ。仮想の話であり、上記のような出来事がすべて一日に集中して起きるということはまずないが、それぞれの光景は日常的に見たり、聞いたり、感じたりすることができるものである。詳細は26ページからの解説を参照してほしい。

ところでこのような日常を過ごした人なら、韓国はすべて正しく、美しい国だと考えるようになるのも頷けるのではないだろうか。そして学校の授業、新聞、テレビで聞いた情報だけを持って眺める日本は卑怯で、残酷な行為をした過去を反省しない国のように見え、そう信じるようになるのだ。

韓国社会が作り上げたシステムの中で韓国が作ったニュースを見て、韓国社会で語られている話を聞きながら育った人は当然何の違和感も持たないだろう。

ところで、このような日常を積み重ねて韓国人としてのアイデンティティを確立してきた学生が、その裏に隠れている「事実」に向き合うことになったらどうなるだろう。ものすごいショックを受けるか、耳を防いで「新しい事実」を認めようとしないかもしれない。この「弊害」については第5章で詳しく述べることにする。

【各項目の解説】

1・奇誠庸の猿真似セレモニー事件

２０１１年1月25日、ＡＦＣアジアカップ準決勝として行われた日韓戦で韓国サッカー代表チームの奇誠庸がゴールを決めた後、カメラの前で猿の真似をして問題になった事件。韓国では日本人を「猿」に比喩して表現することが多い。特に日本人を卑下するときよく使われる動物が「猿」である。

日本では猿が実際生息しているため身近な存在であり、「かわいい」という人もいるようだが、韓国人にとって猿は否定的なイメージしかなく、猿に似ていると言われたり、猿に比喩されたりすると機嫌が悪くなることが多い。したがって、韓国人が日本人を「猿」と表現する行為は明らかに日本に対する挑発行為である。

奇誠庸の行動に対しては韓国内でも「品がない」「スポーツマンシップに反する」などの批判の声が上がった。これを受け奇誠庸が出したコメントが前述の「観客席の旭日旗を見て涙が出た。私も選手である前に大韓民国国民です……」という自分の行動を正当化するようなツイートである。

ここで「旭日旗」という話題に注目したい。韓国社会で「旭日旗」は頻繁に登場する反日の素材であるからだ。国旗である日の丸にはあまり敏感に反応しないが、「旭日旗」にはまるで発作を起こしたかのように反応する。それは、「旧日本軍が旭日旗を使用していたため、当時の日本軍の蛮行が思い起こされ、怒りを抑えられない」という理屈である。奇誠庸は「旭日旗」を持ち出すことで、韓国社会が自分の行動に対し理解を示してくれることを期待したのではないだろうか。

韓国では芸能人が旭日旗もしくは旭日旗を連想させるような模様が入った服を着るだけで非難を受ける。実際、アイドルグループ、ビッグバン（ＢＩＧＢＡＮＧ）のメンバーＴ・Ｏ・Ｐ《トップ》が旭日旗と類似した柄が入った服を着ただけでも非難の声が上がり、所属事務所の社長がホームページに謝罪文を載せたほどだ。

尚、これとは反対に韓国の国旗である太極旗や国花であるむくげが入った服を着ることは「愛国者」と賞賛される。大リーグでプレーしている野球選手秋信守《チュシンス》がバットに太極の文様を付けただけで、歌手ＩＵ《アイユー》がむくげ柄の服を着ただけでニュースとして報道され、韓国社会から拍手を受けたことがその例といえよう。

Ｔシャツ一枚で売国奴にも、愛国者にもなれる韓国社会の極端な反応は憂慮すべきところである。そして、それを持って扇動的な記事を書く韓国マスコミの習性についても指摘しなければならない。韓国マスコミは芸能人、日本応援団が旭日旗らしきものを使うだけでも大騒ぎするが、旭日旗を連想させる朝日新聞社の社旗や統一教会のロゴについては何の文句も言わない。その理由はおそらく、マスコミは最初から旭日旗とその文様には特別な意味がないことを知っているからか、あるいは強者には物を言えない体質であるかのどちらかであろう。

話を奇誠庸に戻すと、奇誠庸が「旭日旗を見た」というメッセージをツイッターで流すと、韓国のマスコミは「日本の応援は度を超えている」と、日本のサポーターが「旭日旗」を持って応援したことと、韓国の至宝金姸兒の顔写真を利用した「お面」を被りながら悪魔を象徴する「赤い角」を付け応援したとして、「金姸兒まで悪魔と表現する日本サポーターのマナーはどうなのか」とこの事態を招いたのは日本のサポーターの責任であるかのように報道した。

しかし、韓国マスコミが奇誠庸をかばうために書いたこれらの記事の中には虚偽の内容が含まれていたのである。マスコミが報道した旭日旗の写真は件の試合ではなく、1年前に行われた日本対オランダ戦で登場したものだったのだ。奇誠庸が出場した日韓戦で旭日旗を見たという人は韓国内にもいない。誰も目にすることができなかった旭日旗をマスコミだけが「あった」と書いたのだ。この問題は韓国のインターネット上でも大きな話題となりネットユーザーの間で色々な検証が行われた。

結局、日韓戦の応援で旭日旗が使われたという証拠は見つからず、ネット上では「なかった」という結論になったが、これに対してどのマスコミも反論できなかった。さらに、日本サポーターが使用したという「悪魔の金姸兒お面」が実は1年前韓国の競技場前で韓国人が作って販売した「韓国の応援グッズ」であったことが明らかになった。マスコミは奇誠庸をかばおうとして嘘に嘘を重ねたのだ。

奇誠庸の猿真似について日本サッカー連盟と日本マスコミが「人種差別的な素材を利用したのは非紳

士的な行動であり、世界サッカー連盟への提訴もありうる」との意見を出すと、今度は韓国サッカー連盟が事態の収拾に入った（これも奇誠庸のフォローであるが）。

奇誠庸の行動は「日本に対するものではなく、彼がプレーしているイギリスの人種差別者たちに対する反発から出た行動」と奇誠庸の代わりに発表したのである。実は、日韓戦の1ヶ月ほど前、イギリスで行われた試合で奇誠庸が出場するとイギリスの観客席から猿の鳴き声のような嬌声があがったことがあった。これはアジア人に対する卑下とも受け止められる出来事だったが、奇誠庸はそれに対する抗議の意味で「日韓戦」で猿の真似をしたのであって、日本に向けたものではないと弁解したのだ。

だが、この言い訳はまた新たな反発を招いてしまった。奇誠庸が活動しているイギリスにこのニュースが伝わるとイギリスのマスコミは「奇誠庸の行動が問題となり窮地に追い込まれると、イギリスのサッカーファンを言い訳に使った」として奇誠庸のことを「卑劣な猿」（Cheeky MonKI：KIは奇誠庸の姓「奇《キ》」を皮肉った表記）と批判したのである。奇誠庸の弁解にもかかわらず、イギリスのマスコミは「奇誠庸が日本を侮辱するため猿真似をしたが、それによって非難を浴び、思わぬ事態に発展すると危機から逃れるため自分の被害経験を持ち出し、言い訳をした」と判定した。日韓戦の軽率な行動に続くみっともない弁明でより多くのファンを失ってしまったのだ。

この事件で重要なのは奇誠庸の「猿真似」ではない。軽率な行動であることは間違いないが、興奮した22歳の若者が起こした突発的な行動だったともいえるだろう。情けないのは試合後の奇誠庸と韓国マスコミの言動である。

まず、奇誠庸は非難から逃れるため「旭日旗」という素材を持ち出した。しかし、旭日旗を見たのは彼以外に誰もいない。韓国のサッカーファンはもちろん、試合映像からも旭日旗は見つからなかった。にもかかわらず韓国のマスコミは奇誠庸の話をそのまま伝えながら、旭日旗があったかのように報道した。

そして、試合当日の写真や映像に旭日旗を見つけられなかったマスコミの一部は、「過去」（オランダ戦の写真を持ち出しまるで当日の日韓戦の様子のように報道した（テレビ朝日[※1]は韓国の報道を検証せずそのまま伝え、後に謝罪することとなった）。

同時に韓国で絶対的な人気を誇る金妍兒まで持ち出し、日本サポーターが金妍兒を侮辱しているかのように報じることで反日世論を煽ろうとさえした。だが、奇誠庸が自分の行動を正当化するために話した内容（旭日旗）も嘘、彼をかばうためにマスコミが報じた内容（旭日旗と金妍兒）も嘘だったのである。事件の真相が韓国のインターネット上で明らかになり「自国の選手のためとはいえ嘘の内容で、相手に責任があったかのように報じることは理解できない」との批判もあったが、ほとんどのマスコミはこの結果について反論することもなく沈黙するだけであった。

2・日本式語彙排除運動

これは1990年代初頭、朝鮮総督府庁舎の撤去作業を「歴史建て直し」の業績として宣伝した金泳三《キムヨンサム》政権（1993～1998）が進めた事業の一つだ。日本の小学校に該当する韓国の教育機関は長く「国民学校」と呼ばれてきた。しかし、ここで「国民」というのは「皇国民」を指すという批判があった。「民族の精気」を取り戻すためにも必ず変更すべきであると主張が続き、結局莫大な国の予算を投入し全国の学校名を「国民学校」から「初等学校」へ変更した。その結果、韓国がどれだけ「精気」を取り戻したか疑問は残るが、看板業者と印刷業者が特需を迎えたことだけは間違いない。

一方、日本語の残滓「野菜」の使用をやめようという運動は市民運動として始まったものである。このような運動は大概の場合「愛国的な行動」として認識され、運動の提唱者は「愛国者」として賞賛される。

ところで現在、韓国で使われている語彙の50％以上は漢字語だが、そのほとんどが日本語由来である。しかし、それを言い換えられる単語が存在しないケースも多く、日本式語彙の清算は事実上不可能である。実際、日本式語彙の清算を主張する団体名や人物のインタビュー、コラムを見ても、本人たちの話の中に日本式語彙が含まれている場合が多い。

3・文禄の役に対する韓国の歴史教育

文禄の役は豊臣秀吉の侵略によるもので朝鮮は「被害者」の立場であった。そして、それは韓国人が日本に対する悪いイメージを持つ一因でもある。韓国の立場から見れば間違いなく日本が加害者なのだから、悪く言われても仕方ないと思うかもしれないが、韓国社会が当時の状況を正確に教えているかといえば、必ずしもそうとはいえない。

例えば、ソウルの観光地として有名な徳壽宮《トクスグン》の公式ホームページに書いてある説明を見てみよう。

「1592年壬辰倭亂（文禄の役）が起きると、義州へ避難した宣祖が1年半ぶりに漢陽《ソウル》に戻ったが、漢陽のすべての宮殿は倭軍により燃えてしまい、新しく泊まる場所が必要となった」

この文章を読んで韓国人はどう思うだろう。当然、宮殿は「倭軍」により燃やされたと思うのではないだろうか。

しかし、事実は違う。朝鮮王朝の記録である『宣祖修正實錄』には、李王家が宮殿を空けたまま北へ逃げると、漢陽に残された民衆による略奪、放火により焼失したと明記されているのである。

国家が風前の灯の状態にあった時、内紛が起きたことは恥ずかしいことかもしれないが、間違った内容で説明するのは不適切な行為ではないだろうか。

市民が宮殿に火をつけたという事実が意味するものは当時の朝鮮社会に、ある「社会的矛盾」が存在しており、そしてそれに対し、市民たちの不満や反発が大きかったことの表れではないだろうか。それは単純に王が自分たちを残したまま逃げたことに対する怒りだったかもしれないし、政府に対して溜まっていた不満だったかもしれない。

しかし、朝鮮内部の問題点については何も言及せず、「倭軍により燃えてしまい」と伝えることで得られるものがあるのだろうか。

4・二人の王子が捕虜になった理由《わけ》

小西行長軍の北上により北方への避難を余儀なくされた朝鮮王家は宣祖が北西方面へ、二人の王子が江原道、黄海道方面へ逃げて兵士を集めることにした。明に援助を要請する一方、戦列を整えるためであった。しかし、二人の王子は朝鮮半島の東海岸に沿って北上した第二陣、加藤清正の捕虜になってしまう。それに関してほとんどの韓国の歴史書は「募兵のため江原道、黄海道方面へ行った二人の王子は日本軍の捕虜になった」と短い説明しか書いていない。

これも当時の状況をまったく伝えていない記述である。この説明を読んだ学生は、当然「加藤軍に捕まった」と思うだろう。しかし、二人の王子を捕らえて加藤軍に突き出したのは朝鮮人たちである。兵士を集めるため地方に行った二人の王子が横暴な振る舞いを見せると、その振る舞いに我慢のならなかった地方民が反乱を起こし王子を加藤軍に引渡したというのが事実である。※2

絶体絶命の危機に王族が見せた行動、そして王族より日本軍に信頼を寄せた朝鮮の民衆の行動については教科書では一切触れられていない。朝鮮の民衆が加藤軍と協力して満州地域まで侵攻したり、自治を認められたなど日本軍と友好な関係を維持していたことについてはやはり教えない。

教科書や歴史書に書いてあるのはただ「軍官民が協力して日本軍を敗退させた」という教訓的な内容のみである。そして「なぜ彼らはそのような行動をしたのか」「朝鮮政府はどのような失政をしたか」に対する反省や批判はまったく見られない。当時の民衆には存在意義がなかったのだろうか。「加害者の日本」と「被害者の朝鮮」だけがある。「加害者の朝鮮政府」と「被害者の朝鮮民衆」はどこに消えてしまったのだろうか。

5・東郷平八郎の李舜臣崇拝説

文禄の役で朝鮮の水軍指揮官として戦い、日本軍を次々と破った李舜臣は韓国で神聖視される人物の一人である。その李舜臣と同じ海軍指揮官の東郷平八郎は韓国でも有名である。

ところで、韓国には「東郷平八郎が李舜臣を尊敬していた」という都市伝説が存在する。新聞、放送で李舜臣を語る時よく引用される話でもある。「東郷提督さえ尊敬した李舜臣」のように李舜臣を讃える際に語られるのだ。世界的に有名な日本の英雄が韓国の英雄を賞賛したという話は韓国人から見ると嬉しい話だし、自尊心をくすぐられるような話である。問題は、この話に、信用に足る根拠がないことである。根拠といえば「～という話を聞いたことがある」という「伝聞」しか存在しない。

これに関する最も早い記録は1964年の『日・朝・中三国人民連帯の歴史と理論』（安藤彦太郎、寺尾五郎、宮田節子、吉岡吉典著／日本朝鮮研究所）に書いてある。凱旋した東郷に賛辞が送られると東郷提督は次のように語ったという。「おほめにあずかって恐れいるが、私に言わせればネルソンというのはそれほどの人物ではない。真に軍神の名に値する提督があるとすれば、それは李舜臣ぐらいのものであろう。李舜臣に比べれば自分は下士官にも値しないものである」。

ここで考慮すべきはこの本が持つ性向である。この本は「日韓会談粉砕」「アメリカ帝国主義との闘争」「米軍基地撤収」などを主な内容としている。つまり、冷戦絶頂期の「反米マニュアル」である。著者の多くが中国共産党、北朝鮮、日本共産党と関連があることを見てもその性向をうかがうことができる。彼らは自分たちの目的のため、根拠がない話を真実であるかのように語ることがあったが、それが検証と確認が取られないままに定着した例といえる。

李舜臣崇拝説を広げたもう一人に韓国の野党指導者柳珍山《ユジンサン》がいる。彼は朴正熙《パクジョンヒ》と金大中《キムデジュン》が激突した1971年の韓国大統領選挙支援演説で「私が20代の日本留学時代、東郷元帥が古希記念パーティーにて、私を英国のネルソン提督と比べるのは構わないが、朝鮮の李舜臣と比べるのはあまりにも過分なことだ、という話を聞いて亡国民の悲しみと感激で涙が止まらなかった」、「李舜臣はクーデターも起こせる人だったが、祖国の守護だけに専念した人」と当時クーデターで執権した朴正熙を間接的に批判した[※3]

ことがある。しかし、柳珍山の話（東郷提督の古希パーティーでの話）もいまだに検証されていない。

いずれにしろ上記の二つの話が「歴史の観点」からではなく、「反米」、「反朴正熙」という「政治的な目的」から生まれたことを特筆しておきたい。

6・日本に連れて行かれた朝鮮人たちについて

文禄の役、慶長の役で日本軍は多くの朝鮮人を捕虜として「強制的に」連れて帰った。そして、日本に渡った朝鮮人たちは日本に色々な技術と文化を伝え、特に陶磁器の技術は日本に大きな影響を与えた。

以上が韓国の「常識」である。教科書で教えている内容も類似している。韓国の歴史教科書の記述は次のような内容である。

> 「東アジアの文化的後進国であった日本は、朝鮮から活字、書籍、絵画、陶磁器などの文化財を略奪し、多くの技術者と学者等を拉致していった。これとともに朝鮮の儒学も伝えられ、日本の文化発展に大きな影響を及ぼした」
>
> （「高等学校国史・上」国史編纂委員会／1996）

朝鮮半島で平和に暮らしていた人民を連れて行ったのだから、400年前のこととはいえそれについて怒りを覚えるのも無理はない。ところで当時日本に渡った人々も似たような感情を持ったのだろうか。

戦後、朝鮮通信使として来日した姜弘立《カンホンリプ》が残した記録『東槎録《ドンサロク》』によると「朝鮮の人々は無一文で日本に連れて来られたが、数年後には財産が増え、生活が楽になり（朝鮮へ）帰ろうとする気持ちがなくなった」という記述がある。これはあまり知られていない事実ではあるが、朝鮮と徳川幕府の友好関係が続くと幕府は日本で暮らしていた朝鮮人に朝鮮に戻ることを許した。そして、その施策により朝鮮の地に戻った朝鮮人たちもいたのだが、労働と技術職を冷遇した朝鮮の社会に比べ、日本では正当な評価と待遇を受けられるからという理由で日本に居続けようとした人々も少なくなかった。

逆に日本から帰国した朝鮮人たちが地獄を見たケースもあった。朝鮮政府の特使として派遣された僧侶惟政《ユジョン》は捕虜になった朝鮮人たちを連れて1605年朝鮮に帰った。釜山に着いた惟政は「みんな故郷へ帰れるようにすること」と彼らを朝鮮人の船長に託した後、上京する。しかし、その船長は日本から帰ってきた朝鮮人たちを奴隷にした。また、美人がいてその人が既婚であったなら、その夫を捕え、縄で縛ったまま海へ投げ込み、美人を自分のものにした。このような事件の噂が日本にいた朝鮮人たちに伝わると「朝鮮の法律は日本の法律に及ばないし、祖国に帰ってもいいことはない」[※4]という認識が広がったという。

このような事実は韓国人に衝撃を与える。日本に連れて行かれたという事実は知っているが、日本の生活に満足し日本に残ろうとしたということ、そして帰国した朝鮮人を朝鮮社会が虐待したという話を学校教育やマスコミが伝えることはほとんどないからである。これはなぜか? 今となってはパニックに陥ることを恐れた配慮かもしれないとさえ思えてくる。

7・世界で一番美しい歌「アリラン」

２０１１年3月24日、韓国で「アリランが世界で一番美しい曲1位に選ばれたというのは嘘だった」という内容のニュースが報道された。アリランとは古くから伝わってきた韓国で一番有名な民謡で、韓国人なら誰もが知っている曲である。

21世紀に入ってから、いつからかそのアリランが世界から一番美しい曲として選ばれたとの話がインターネットを中心に出回った。そして、それを信じ込んだ人々がラジオ、テレビ、新聞でそれを語るようになり、ついに小学生の教科書にまで載るようになった。教科書の内容は以下の通りである。

> 韓国固有の伝統音楽アリランが世界で最も美しい曲1位に選ばれました。英国、米国、フランス、ドイツ、イタリアの作曲家らが審査団として参加した「世界美しい曲選抜大会」で多数の人々がアリランを最も美しい曲として選びました。審査に参加した人の中に韓国人は一人もいませんでした。
>
> (「小学校4年　道徳4-1教科書」114ページ/２０１０)

しかし、韓国の国民日報が確認してみたところ、その内容は完全なデタラメで、そういう大会は存在さえしなかった。だが、これは韓国政府機関である教育部（日本の文部省に当たる）が発行した教科書に記載され、全国の小学生がこれを教わった。

教科書の認定に当たっては大学教授を中心とした教科書審査委員会が6回も審議を行ったが、これについて異議[※5]を訴えた人は一人もいなかったという。何のための審議だったのだろう。彼らは本業の大学教授としての研究もこのようなやり方で行うのだろうか。尋ねてみたいものである。

これは韓国の「検証システム」がどれほど穴だらけかを示すいい例である。教科書の執筆者らは「インターネットのニュースで見た」というし、インターネットニュースの記者は「あるバイオリニストから聞いた」という。また、バイオリニストは「ラジオの音楽番組で聞いた内容」と、ラジオの担当者は「インターネットで見た内容」という。結局、インターネットの「噂」がラジオ↓音楽家↓記者↓教科書の筆者↓教育部を次々と通過したのである。

そういう情報が入ったとしても新聞、ラジオ、テレビ、教科書執筆の関係者が仕事に対する責任感を持ち、確認作業を怠らなかったらこのような事件は起こらなかったはずである。しかし、残念ながらこれが韓国の現実である。教科書のみならず政府やマスコミが徹底した検証を行わず、噂や都市伝説を流布した例は少なくない。アリランの場合は、一新聞社の調査によって事実関係が明らかになったが、過去にこのようにして広がった都市伝説はいくつあったのだろうか。

8・修学旅行

韓国では「日帝の残滓《イルジェウザンジェ》」と、日本統治期に入ったすべてを「廃棄」しようとする動きがある。しかし、「修学旅行」という日本由来の制度を捨てようとか、変えようとする人は一人もいない。それは「自分」が楽しめるイベントであるからだ。日本の残滓を廃棄することを主張する人々も自分たちが楽しむ除夜の鐘、花見、修学旅行については何も言わない。

日本統治期、朝鮮半島に設立された学校には修学旅行という制度があった。その中には満州、鎌倉、日光、台湾まで修学旅行に行った朝鮮人学生もいた。日本の研究者高橋敏の話を引用しながら「修学旅行は伝統的な生活構造に慣れていた日本の民衆を所謂天皇制国家へ編入させる機能として働いた」と指摘する声もあるが[※6]、若い学生たちにとって修学旅行は学生生活の中で最大の楽しみの一つで、異国の風景を垣間見ることのできる貴重な機会だったのではなかっただろうか。

日本から入った品種だと庭に植えられた松まで非難する韓国で、日本の研究者さえ「天皇制国家構造へ編入させる機能をする」と話した修学旅行を廃止しようという主張が出てこないのはなぜだろう。反日感情が減ったからであろうか。もしかしたら「日本由来のもの」「原産地」という問題は、実は重要ではない単なる「いいがかり」であるということをはっきりと認知しているからではないだろうか。

9・日本商品不買運動

日本との外交、歴史問題が起きるたびに韓国で起きるのが日本商品不買運動である。不買運動というのは世界中どこでも、特定の企業や国に対する抗議の意味で行われる行動の一つで珍しいことではない。韓国でよく言及されるのは日本の有名ブランドや企業であるトヨタ、日産、ホンダ、ソニー、ニコン、キヤノン、任天堂、マイルドセブン、そして近年韓国に進出したダイソー、ユニクロなどである。

日本製品不買運動はこれらのブランドの模型を積み重ねて、燃やすか棒で叩き潰すパフォーマンスを伴うのが普通である。しかし、これはこうなってほしいという「希望」であり、現実とは温度差がある。

放送用カメラの99％はソニーが占めているし、韓国内の外車販売ランキングでずっとトップを走っていたドイツ車は、2011年ついに日産キューブに1位の座を譲ってしまった。また、ソウルの中心地、明洞にアジア最大規模の店舗として登場したユニクロ明洞中央店はオープンしてからわずか3日間で12万人が訪問、3日間で36億ウォン、1日最高13億ウォンの売り上げを記録し、衣料品店としてはソウル江南シャネルが2010年7月1日に記録した1日最高記録4億6000万ウォンを超え韓国史上最高記録を更新するほどの人気ぶりを見せた。

「モノ」だけではなく、「コンテンツ」に対する日本愛も熱い。2006年ソウル所在の大学13校の図書館で貸出ランキングを調べたところ、江國香織[※7]、村上春樹、奥田英朗、片山恭一など日本の作家が上位を独占していた。

日本商品の不買、排除運動が起き、そういう運動に参加する人を愛国者と讃えながらも、一方では日本商品や日本文化に殺到する矛盾した風景が見られるのである。果たしてどちらが「率直な」行動だろう。

ちなみに、韓国関税庁ソウル本部税関の発表によると、2011年関税庁のサイバー違法取引取り締まり実績は6999億ウォン（約486億円）。このうちソウル税関が摘発した品目2851億ウォンで最も多かったのは家庭用電気製品の1070億ウォンだったが、大部分が中国などで違法コピーされた任天堂のゲームチップだったという。もしかしたら韓国人にとってはこれすらも「日本製品（正規品）不買運動」の一部なのかもしれない。

10・在日同胞に対する韓国社会の認識

大学	貸出10位以内の日本小説
建国大	『冷静と情熱のあいだ Blu』など3冊
慶熙大	『空中ブランコ』など4冊
高麗大	『冷静と情熱のあいだ Blu』など4冊
西江大	『海辺のカフカ』など3冊
ソウル大	『ねじまき鳥クロニクル』1冊
成均館大	『ホテルカクタス』など3冊
淑明女大	『世界の中心で、愛をさけぶ』など4冊
漢陽大	『きらきらひかる』など3冊

韓国大学別、図書館貸出ランキングTOP10の中の日本小説

韓国で在日同胞と呼ばれる在日韓国人について韓国社会が持っているイメージは、主に以下の三つである。①日本統治期に強制され、あるいは仕方なく故郷を離れ日本で働かなければならなかった人々もしくはその子孫。②日本で差別と冷遇を受けているマイノリティ集団。③あらゆる苦難を押しのけて韓国籍を維持している人々。

実は、私自身も以前はそのような認識を持っていた。韓国の学校、社会で見聞きした内容がそういった内容ばかりだったので、当然のようにそういったイメージを抱いていたのだ。

しかし、韓国社会が持っている「認識」はどれだけ現実に即したものなのだろうか。韓国社会が語る在日同胞像、韓国マスコミに紹介される在日の話、在日韓国人が日本社会へ向け自らの体験を訴える内容も上の三つとさほど違わない。だが、それは「在日社会」が「外部」（韓国社会、日本社会）に向けて語る話と「外部」（韓国社会）の人たちが「在日社会」を観察して語る内容である。それらよりは、在日韓国人が同じ在日韓国人に対して発信する話こそ一番率直な心情ではなかろうか。

在日韓国人社会で調査、編纂した『アボジ聞かせて　あの日のことを―我々の歴史を取り戻す運動報告書―』（1988）がある。これは民団の青年会が1000人以上の在日1世を対象にして調査した内容であるが、興味深い内容が多く含まれている。例えば、日本に渡った理由についてである。1位は「経済的理由」（39・6％）、2位は結婚・親族との同居（17・3％）、3位徴兵・徴用（13・3％）、4位留学（9・5％）の順である。つまり、徴兵・徴用へ行って居残った人は13％に過ぎず、多くが自分の意思で渡ったのである。

在日韓国人3世のカメラマン李朋彦氏が3年半の歳月をかけて日本全国の在日一世を撮り下ろし、インタビューした本『在日一世』（2005）も在日一世の体験を伝える貴重な資料だが、取材した90人のうち強制連行されたという人は一人もいない。そして、彼らは戦後も自分の意思で残った人々である。

しかし、韓国社会は彼らを誤解する。強制連行された後、韓国に帰りたかったのに帰れなかった、仕方なく日本に残ったと断定するのである。だから、韓国社会は彼らを同情と憐憫の目で眺めるのである。実は在日からは自分たちの方が同情の目で見られていることには気付かずに。

11・韓国に戻らぬ在日韓国人たち

東日本大震災で日本が大きな被害を受け、また福島原発から放射能漏れのニュースが報じられると韓国のマスコミは、日本は下り坂

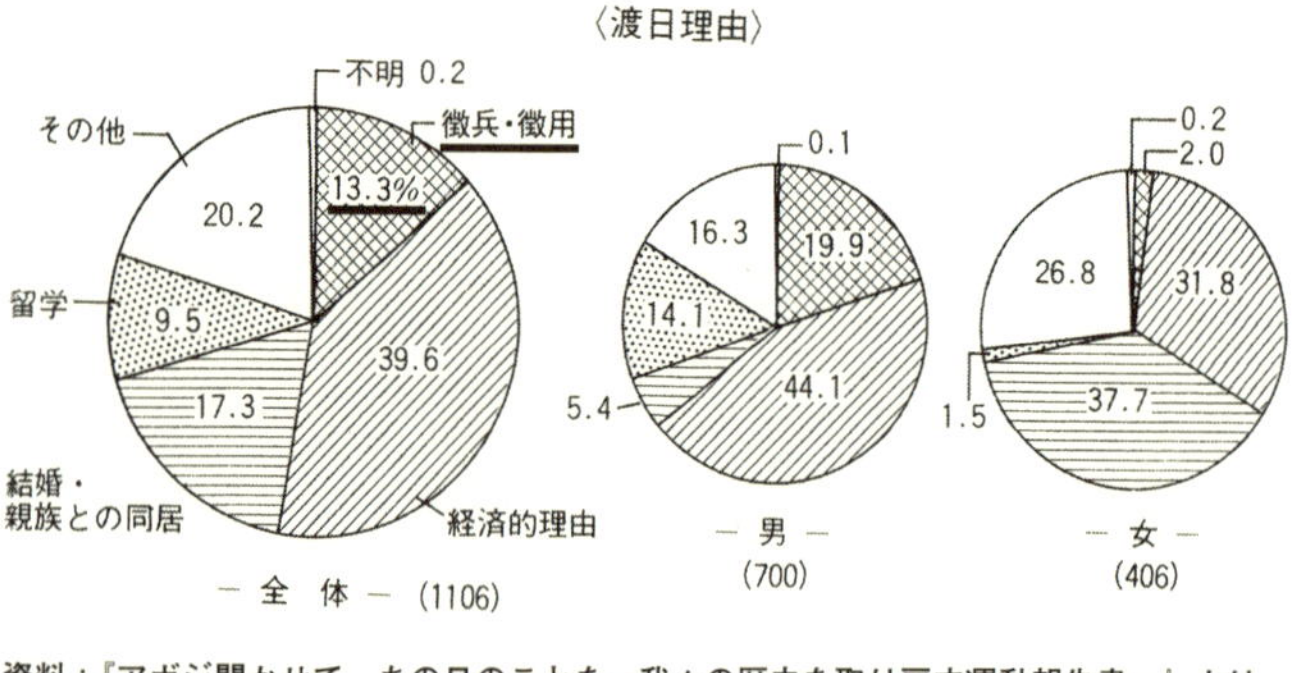

資料：『アボジ聞かせて　あの日のことを―我々の歴史を取り戻す運動報告書―』より

を辿る国家であり、もう、安全な国とは言えないのだというように報道した。日本に対しては同情の目を向けると同時に、韓国は（日本とは違い）安全であることを強調した。

例えば「日本人が韓国に住みたいと言っている」とか「在日同胞のための団地建設」といった報道がこれだ。その結果、ニュースを見た韓国人の多くは、日本は危険であり、日本人は韓国に来たがり、韓国を羨ましがっているのだと、単純に考えるようになった。

しかし、これらは韓国社会の希望的な推測に過ぎず、現実は違った。釜山では、東日本大震災が発生し日本がパニックに陥っているすきを突いて日本へ密航しようとした人たちが摘発されるという事件が起きたし、「危険な国だ」「放射能汚染が深刻だ」と、哀れみのこもった眼差しで話をしながらも、地震[※8]後も韓国人が一番多く出かける海外旅行先は相変わらず「日本」であった。

もちろん在日韓国人も、日本人も、地震や原発を心配し、恐れている。しかし、だから韓国へ行きたいと思っているなんていうことは、韓国社会が作り出した絵空事に過ぎない。逆に、韓国人が地震の恐怖を垣間見た後でも、なお日本に行きたがっているというのが「現実」なのだ。

12・鍾閣の鐘と「除夜の鐘」

ソウルの中心部鍾路には「鍾閣」（普信閣《ポシンカク》とも呼ばれる）という建物がある。ここは毎年12月31日除夜の鐘を撞く場所である。大晦日に除夜の鐘を鳴らす光景は毎年テレビで全国に中継され、韓国人はそれを見ながら新年が始まることを実感する。

しかし、この「除夜の鐘」は戦前の韓国にはなかったもので、日本から入った代表的な風習である。日本統治期には浅草浅草寺の除夜の鐘をラジオ中継したこともあった。にもかかわらずこの行事の撤廃を求める人はいない。不思議なものである。日本由来のものなら何でも中止と撤廃を求める韓国社会ではあるが花見、除夜の鐘、花札などに関しては何も言わない。繰り返しになるがそれらは自分たちが楽しんでいることだからだ。

13・商品名になった「独島」

韓国には以前にはなかった独島という商号を持つ病院、飲食店、商品などが増えている。「独島マグロ」という有名チェーン店をはじめ、独島医院、独島ラーメンなど過去になかった商号が21世紀に入って急増した。もともと無人島であったその島が店の主人の出身地であるわけもない。そういう名前をつけた人たちは独島を愛する愛国者なのだろうか。店の看板にそれを掲げることで何を表現したいのだろうか。

14・「殴打」は日本の「残滓」

韓国軍に入隊すると精神教育という名の思想教育を受ける。その際、軍人の本分、愛国心、国家観について学び、同時に部下、下級者に暴力を使ってはいけないと教わる。下級者に暴力を使ってはいけない理由の一つとして「殴打は日帝が残した悪習であるため、真似してはならず必ずなくすべきこと」と教わるのだ。

　厳しい練習と訓練が行われる運動部でも時折、内部のしごきや暴力が問題になる場合がある。ましてや一段と厳格な規律が求められる軍隊であるから、訓練あるいはしごきという名の暴力がより発生しやすい状況であることは想像に難くないだろう。しかし、暴力の原因を人間の本性、閉鎖的な組織、上級者の資質などから探すのではなく、「日本」から探そうとするのが特徴的だ。

　それでは、下級者を苛めたり、暴力を振るうといった「悪習」は韓国になかったのだろうか。そうでもない。朝鮮時代の記録を見ても先輩が後輩を苛めたり、殴ったりすることは大きな社会問題だった。冬に川に入ることを強制されたり、殴られたり、接待を強要されたり、泥沼で転がされたりして死者が出る場合もあったという。それだけではなく[※9]日本軍と戦った「独立軍」の回顧を見ても上級者の暴力を正当化し、必要悪として認識するケースが見られる。

「軍隊」「組織」「上下関係」という特殊な環境が暴力を発生させるのであって、以前になかったものが特定の集団の影響で定着したというわけではないのである。軍隊ならどの国、どの時代にも似たような問題は発生しているのではないだろうか。もちろん、そうだからといって放置していい問題ではなく、解決を目指すべき問題である。すべてをただ「日本のせい」と決め込み、自らを省みない態度は、解決への道を遠ざけているのではないだろうか。

殴打としごきが「日本から入った悪習」なら朝鮮時代に後輩を苛めた官吏たちはどうやってそのような術を習得したというのか。独学でもしたのだろうか。そして、その暴力は日本軍が入る前にすべて克服されていたということだろうか？　百歩譲って、殴打が日本から入ったものだとしよう。良くないことと知っていながらそれを何十年も一掃できないのは誰の「せい」か。日本が嫌いで、日本から入った悪習が憎いならなぜそれをなくせないのか。

韓国ではいまだに「殴打は日本の悪習」という認識が強いが、軍隊という国家機関でそのような教育が行われているのは非常に残念でならない。

15・桜とナショナリズム

桜は日本を象徴する自然物の中の一つである。また、日本人にとって桜は春を告げる花であり、花見は春を語る時に欠かせない風物詩でもある。春になれば美しい桜を見るため海外からの観光客も後を絶たないほどである。

韓国の「花見」も日本統治期に入ってきた文化である。日本の支配者たちは朝鮮半島の各地に桜を植え、以前朝鮮にはなかった風景が現れた。しかし、それは朝鮮人の違和感を誘うものではなかった。朝鮮にも生息していた木だし、それは日本が作った法律、商品、文化ではなく「自然物」だったからだ。終戦後にも桜が有名な全国の公園は春になると花見を楽しもうとする人々で人山が築かれた。

しかし、韓国で広がり始めた民族主義的な雰囲気が花見に対する拒否反応を呼び起こしたこともあった。花見は日本が広げた文化という理由で撤廃運動が始まったのだ。それどころか、数十年間市民に愛されてきた桜を切り倒すという野蛮な行為までも全国各地で行われたのである。そうして「日本文化」を排除したとホッとする人もいた。

だが、一般市民の反応はそういうものではなかったようである。桜がなくなり、春の楽しみがなくなったと不満の声が現れたのである。例えば、忠清北道に位置する清州市では終戦後、川辺にあった桜を「民族の精気を取り戻す」「日本の文化を排除する」という理由で切り倒した。代わりに柳が植樹されたのだが、今度は柳の花粉に対する苦情がよせられ、同時に桜並木を懐かしむ市民の声が上がった。結果、再び柳を抜き、同じ場所に桜を植えるという顛末を迎えたのだ。※10

花、木、動物はその「発祥地」「起源」がどこであれ、「自然物」である。可愛いと思ったら可愛がればいいし、美しいと思ったら大事にすればいい。しかし、韓国では「自然物」に対してさえ「国籍」や「出身」を引き合いにして、理性的とは言いがたい行動に出るケースが多々見受けられる。桜だけではない。

例えば、雉《きじ》が日本を象徴する動物だといって、生きている雉[※11]を殴り殺し、反日デモンストレーションとして扱ったケース、あるいは、韓国式家屋を建てる際に、どうして日本の松を使うのかと叱咤するような報道等がそれだ。私としては目にするたびに情けなく感じたりもするのだが、こういった感情的な反応をやめられずにいるのが現実である。

桜と花見を批判的に見る人々の考えは「桜の美しさを楽しむのはいいが、全国各地が花見で大騒ぎになったら、（韓国に対して）優越感を持っている日本の保守層や知識層が何と思うだろう。韓国の自尊心やアイデンティティはどうなるのか」ということである。「日本の反応」つまり他人の目が気になって桜を楽しめないのである。率直な感情を表現できず、他人を気にするのは儒教的な「体面」の文化が残っているからであろうか。それに、日本の保守層、知識層が優越感を持つと想像すること自体が被害意識ではなかろうか。毎年、ホワイトハウスやワシントンＤＣのポトマック河畔に咲き誇る桜を見て優越感を覚える日本人が何人いるだろうか。だがこれは逆に、韓国の国花が日本や米国に広がったら韓国人は優越感を覚えることを意味しているのかもしれない。

心の中では「美しい」と感じていながらも「民族の精気」、「民族精神」という自己規制に邪魔され、素直に美しさを楽しめないことこそ「感情の抑圧」ではなかろうか。

16・日本の家屋は狭いとの誤解

韓国人が日本に対して持つ大きな誤解は「日本は土地が狭いので家屋も狭い」というものである。それは、長く韓国の新聞、コラム、本で語られ日本に対する偏見の一つになった。例えば、韓国の大学教授が書いた次のようなコラムがある。

> 週刊「エコノミスト」によると1990年代中頃、東京、首都圏に供給されたマンションの平均専有面積は64・5㎡程度、それに比べ韓国はソウルが平均105・8㎡、龍仁地域は132・2㎡に達している。日本人のほとんどが（韓国人が平均的に居住している）105・8㎡くらいのマンションで暮らしていると仮定したら、171・9㎡～211・6㎡くらいの広い家で暮らしているのが韓国人ということである。（中略）世界最高の福祉国家とはいえ、ウサギ小屋で一生を暮らすことが日本人の宿命。
>
> （「世界日報」2009年11月25日）

しかし、これは勘違いである。日本は韓国より面積も広いし、人口密度も日本（34位）が韓国（22位）より低い。むしろ、[※14]韓国人の1人当たり住居面積は27・80㎡で、米国68㎡、日本38㎡に比べ狭い居住面積で暮らしている。日本のマンションの平均専用面積が狭いのは、単独世帯あるいは核家族等、少ない世帯人口に対応したマンションが多いためではないだろうか。

欧米人は日本の住宅と出勤時間のすごいラッシュアワーを見て「狭い」「混む」とイメージを持つかもしれない。韓国が欧米の報道を見ると欧米人の立場になって日本を想像したりするが、韓国人のイメージとは逆に日本は人口密度、住居面積において韓国より「余裕ある生活」をしている。しかし、このような事実を話した時、長年「間違った情報」を聞かされてきた韓国人は信じようとしない。経済は進んでいるが、生活環境は経済ほどには豊かではない。そして韓国はまだ日本の経済には及ばないが環境の面（家の広さ）ではずっと上だと認識していた「常識」が崩れ落ちるからである。

※1：「産経ニュース（電子版）」2011年1月28日
※2：『宣祖修正實錄』26巻
※3：「東亜日報」1971年4月13日
※4：『東アジアの戦争と平和』李 三星／ハンギル新人文総書／2009
※5：「国民日報」2011年3月24日
※6：「Oh My News」2007年5月24日
※7：「国民日報」大学生は今、日本小説三昧―大学図書館貸出順位独占／2006年12月25日
※8：「マネー・トゥデー」韓国人が最も行きたい旅行先は日本35％、アメリカ20％、オーストラリア16％／2011年9月22日
※9：『独立有功者証言資料集1巻』國家報勳処／元独立記念館長安椿生の証言／2002
※10：「忠清日報」2010年4月12日
※11：「CNBNEWS」2008年7月18日
※12：「日東亜日報」2011年11月29日
※13：「世界日報」2006年4月4日
※14：「東亜日報」2009年8月7日

第2章　反日教育の実態

前章では、韓国の高校生の仮想の一日を例として韓国の事情を説明した。そこで登場したエピソードは主に「ニュース」を通して韓国社会に広がったものであり、情報を事実と異なる「伝説」として広げた主体はマスコミである。

マスコミによる不正確な情報発信が危険であることはいうまでもないが、それよりも恐ろしいことがある。それは「教育」によって幼い頃から頭の中に刻み込まれる知識である。大人になってから目にするニュースは自分で選択することもできるが、子供の頃から学校で聞かされる内容は一方的な入力であり、自己修正することも、懐疑的に考えることも難しいからだ。

韓国の子供たちが教育を通して聞かされる「日本」はどのような姿で、子供たちにどのような影響を与えているのか、実際の例を中心に考えてみたい。

抗日運動の象徴「金九」と「柳寛順」

韓国人なら誰もが知っている「偉人」の中に「金九《キムグ》」と「柳寛順《ユグァンスン》」がいる。二人は日本統治期に抗日運動をした人で韓国を代表する国民的英雄である。二人に関する偉人伝、童謡、童話、漫画は多数存在し、韓国の子供たちは幼い頃から二人の偉人の話を聞きながら育つ。しかし、子供たちに伝えるべき内容としては大きな問題が含まれている。

元来、偉人伝というのは人物の偉業を讃えることが目的の一つとされる。そして、その目的を達成するために「誇張」や「正当化」が行われる場合もあれば、恥ずかしい内容については省略される場合もある。それにつけても意図的に「嘘」や「憎しみを抱かせる内容」を入れてはいけない。子供を対象にする本であるからだ。

戦時下においては敵国に対する憎しみを煽るため、敵国を悪魔のように描いたりするケースは少なくない。しかし、戦時下でもない現在の韓国で子供たちのための本に、教訓を教えるためという大義名分の下に嘘が盛り込まれている現状。これは適切だとはいい難い。幼児期に固まった認識はなかなか変わらないからだ。別の言葉でいえば、最も洗脳されやすい時期に頭の中に刻まれた認識は生涯維持される可能性が高いからだ。

まず、金九と柳寛順に関する「事実」と二人について韓国で出版されている子供向けの偉人伝や学習童話の内容を比較してみる。

金九に対する事実《ファクト》

まず、金九に対するファクトだけをみてみよう。金九(1876~1949)は抗日独立運動のリーダーとして上海臨時政府の主席を勤めた人である。伊藤博文暗殺事件をはじめ、一貫して武力抗日闘争路線を歩んだが、終戦後の混乱期に韓国で暗殺された。

韓国の近・現代史の中で最も尊敬されている彼だが青年時代、殺人事件を起こしたことがある。

1896年朝鮮の黄海道で起きた鴟河浦《チハポ》事件と呼ばれる事件だ。その事件に関するファクトは以下の通りだ。

> 1896年3月9日黄海道安岳郡鴟河浦で、金九は同行していた朝鮮人数人と日本から来た商人土田譲亮を暴行、殺害する。そして、土田の荷物から金800両を奪い、遺体は川に投げ捨て逃走。

これは当時、金九を取り調べた朝鮮人警務官金順根《キムスングン》の記録を引用したものである。これは1896年11月7日の独立新聞の記事でも確認できる。

> 仁川裁判所は、強盗金昌洙(=金九の本名)を、自ら左統領と称し日本の商人土田譲亮を殺し、川に投げ捨て財物を奪い取った罪で、絞首刑に処することに(した)…
> (「独立新聞」1896年11月7日)

ところで、この強盗殺人事件の実行犯金九は、自叙伝で次のように述べている。

わたしも、しかたなく起き上がって坐り、自分の膳が来るのを待ちながら部屋の中を見回した。まん中の部屋に、一人断髪した人がいるのが目についた。その人が、だれかほかの旅行者とあいさつを交しているのを聞いていると、かれは、姓は鄭《チョン》氏で長淵《チャンヨン》に住んでいるという。たしかに、長淵では、はやくから断髪令が実施され、民間人でも髪を切った人が多かった。しかし、そのことばづかいは長淵の方言ではなく、ソウルのことばだった。朝鮮語がずいぶん上手だったが、私の見るところでは、かれは明らかに倭奴《ウェノム》だった。

（中略）

「この野郎！」

と叫びながら、足でその倭奴の胸を蹴ると、そいつは、たっぷり一丈もある入り口の石段の下に落ちていった。わたしは、飛ぶようにあとを追って下りて行って、そいつの首根っこを踏みつけた。三間の大部屋の四つの窓がいっせいに開き、そこから人々の首がにょきにょきと突き出された。わたしは、追っかけて出てくる群衆に向かって、

「この倭奴を助けようとわたしに近づくやつは、だれでもみな殺すぞ。わかったか？」

と宣言した。

このことばが終わらないうちに、わたしの足で蹴られ押さえつけられていた倭奴が、身をよじっ

て刀を抜き、それをピカピカ光らせながらわたしに切りかかってきた。わたしは、わたしの顔面に振りおろされる刀をよけながら、足をあげてそいつの脇腹を蹴って倒し、刀を持つ手首を力いっぱい踏みつけると、しぜんと、刀が氷った地面に音を立てて落ちた。わたしはその刀を拾って、倭奴の頭から足の先まであちこちを切りつけた。二月の寒い明けがたのことで、氷が張っていた地面に血が泉の湧くように流れた。わたしは手でその血を掬って飲み、またその倭《ウェ》の血をわたしの顔に塗りつけ、血がぼたぼたしたたり落ちる長剣をさげて部屋に入って行き、

「さっき、倭奴を救おうとわたしに近づこうとしたやつはだれだ?」

とどなった。

(中略)

所持品によって調査したところ、その倭は、陸軍中尉土田譲亮という者で、葉銭八百両がその荷の中に入っていた。わたしはその銭の中から船員たちの船賃を払ってやり、残りはこの村の貧しい人々を救うのに使うようにといいつけた。

(中略)

「昌洙!　どの房にいますか?」

という声が聞こえた。「この房です」というわたしの答えを聞きつけた様子もなく、まだ房の戸を開けもしないうちから、だれかの声が、

「アイゴ。もう昌洙は助かったんです!　アイゴ。監理営監以下全署員、それに各庁の職員が、朝

から飯ものどに通らないほど心配していたのだよ。——『どうして昌洙をわれわれの手で殺すことができようか』と。そうしたら、いま、大君主陛下におかれては、大庁（執務所）に監理営監をお呼びになって、『金昌洙の死刑を停止せよ』との親勅をたまわり、『夜でもかまわぬから獄に行って金昌洙に「伝旨」せよ』とのご命令をいただいてきたのです。きょうはずいぶん心配したでしょう？」

（中略）

国王陛下は即時御前会議を召集され、わたしの死刑を停止することに決定されて、ただちに仁川監理使の李在正を電話で呼ばれたのだそうだ。

（中略）

電話が仁川に通じるようになったのは、わたしについての電話が来るたった三日前のことだったという。もしソウルの仁川の間に電話が開通していなかったならば、いくら上でわたしの命を助けようとされても、その恩命が伝えられる前に、わたしはもう死んでいたはずだったそうだ。

（『白凡逸志——金九自叙伝』金九　梶村秀樹訳注／平凡社／1973）


この事件が起きたのは、朝鮮の王妃「閔妃《ミンピ》」が反対派の日本人と朝鮮人に殺され、特に日本、そして日本人に対する反感が高まっていた頃である。しかし、王妃暗殺事件と何の関係もない民間人に暴力を振るうことは感情的な反応で、正当化できない行動である。

ここで大事なのは、①被害者の身分、②被害者が持っていた所持金の処理、③後に死刑を宣告された後、刑が執行されなかった理由についてである。

金九が書いた自叙伝『白凡逸志』によると、①被害者は日本陸軍の中尉・土田譲亮、②所持金800両は貧民救済のため人に渡し、③大君主陛下（高宗皇帝）が直接赦免することを電話で指示し、執行が中止されたという。

しかし、これらはすべて金九が自分の行動を正当化するため美化した内容に過ぎない。被害者が陸軍中尉という内容が見られる資料は金九の自叙伝にしか存在せず、それ以外の何の証拠もない。一方、土田が商人であると示す記録は、朝鮮人官吏が作成した取調書、独立新聞、日本外務省の公文書など多数見つけることができる。

貧民救済のため800両を預けたという話も、彼の自叙伝以外はどこにも見当たらず、記録には強盗殺人事件と記されている。そして、高宗が電話で赦免を命じたという話もまったく事実無根の話である。なぜならば死刑を免れたという1897年には皇帝が居た漢城《ソウル》と刑務所があった仁川《インチョン》の間に電話はまだ架設さえされていなかったからである。

土田の身分が日本陸軍中尉で、高宗が電話で赦免したという話は韓国の学界でも支持を得られず、廃棄された一つの「説」である（ただ親日派人名辞典を編纂した「民族問題研究所」では、いまだに土田が日本軍人だと主張している。もちろん、根拠はない）。しかし、この「伝説」が相変わらず「定説」として認知されている分野がある。それが子供用の「偉人伝」の世界である。

日本商人を日本軍中尉と教え、殺人を正当化

金九について数十種の偉人伝が存在するが、ほぼすべてと言っていいほど「土田＝朝鮮に潜入した日本軍中尉」と記述している。実際に子供を対象にする偉人伝の具体的な内容を見てみよう。

> 昌洙（金九）はゆっくり体を起こし、大声で叫びながら日本人を蹴っ飛ばしました。日本人は階段の下へ転がり落ちて倒れました。直ちに昌洙は駆けつけ彼の首を踏みにじったのです。
> 「こいつのために飛びかかるやつがいたら殺してやる」
> その時、日本人が抜け出して刀を持ち、飛び掛りました。昌洙は刀をかわして脇腹に蹴りを入れ倒した後、落ちた刀を拾い彼の胸を刺しました。死んだ人は日本陸軍中尉で荷物の中にはお金800両が入っていました。昌洙は町の人を呼んで貧しい人に配るよう頼みました。
> （中略）
> 高宗皇帝から死刑を止めろと指示がありました。直接、電話を下さったのです。電話の開通が三日遅かったらあなたは死んだに違いない。もうあなたは助かった。私たちも嬉しいよ。
> （『金九』キム・ソジョン著／韓国チャイルドアカデミー／2010）

金九はその人の胸元を掴みました。

「どうしたんですか」

彼は思わぬ金九の行動に慌てました。

「この野郎。我が国の皇后を殺害して、無事に帰れると思っていたのか！」

金九はその人を土に叩きつけました。

「シュッ」

とうとうその人は刀を抜き出しました。

「俺は大日本陸軍中尉土田だ。天皇陛下の名前でお前を斬る」

「やっと本性を表したな」

土田は大声を出しながら飛び掛って行きましたが、逆に、金九に殺されてしまいました。

（中略）

金九は土田中尉を殺害した罪で死刑を宣告されました。すると高宗皇帝が金九の死刑執行を止めました。

（『金九』イ・チョルミン著／マエストロ／2009）


ソウルにある国立子供図書館で無作為に8種の〈金九偉人伝〉を選んで調べた結果、すべて土田譲亮は日本軍中尉という事実とは異なる内容が書いてあった。そして、所持金の処理も死刑されなかったことについても自叙伝の内容をそのまま写している。

韓国の子供たちは、このような本に「囲まれて」育ち、これに対し感想文を書くことを求められる。それが事実ではないことは知る由もない。結果、幼い頃に得た間違った「情報」が「知識」そして「感情」になっていくのである。

韓国の子供たちは大人たちがついた嘘を見て、聞いて、育つのである。この子供たちが日本に対して敵愾心を抱くようになるのは当然の結果かもしれない。


また、このような内容を見て育った子供たちは、何の罪もない日本人商人の死を見て同情の気持ちを抱くことはなく「日本が朝鮮の国母を殺したから（日本人が殺されても）仕方ない」という歪んだ正当化を受け入れていく。これが未来を託す子供たちへの教育であってよいのだろうか。

もしこれが正当化されるのであれば、イラクとアフガニスタンで外国人記者、民間人を拉致し殺した武装勢力の行為も正当化できるだろう。

韓国はイラクとアフガニスタンへ派兵をし、当然の結果であるが両国

出版社	出版年度	日本人の身分	所持金	死刑を中止命令
韓国チャイルドアカデミー	2010	日本陸軍中尉	貧民救済に託す	高宗皇帝
フクマダンオリンイ	2008			
ヒョウリウォン	2008			
ジャラムヌリ	2007			
マエストロ	2009			
ウリ教育	2011			
ビョリンソ	2009			
ジギョンサ	2005			

「金九」の偉人伝を出版した８社の記述内容

の武装勢力からは敵対視されていた。そして、イラクで韓国の民間人が拉致・殺害されるという事件が起きた。この時、韓国社会は「どんな理由があっても、無実の民間人を殺すことは許されない」（「ソウル新聞」社説／2004年6月25日）、「彼はイラクに悪いことをしていない。イラクを侵攻したわけでもなく、戦闘にも参加していない。（中略）彼がイラクの状況に責任を取るべきことは何もなかった」（「京郷新聞」社説／2004年6月23日）、「武装してない民間人を凄惨に殺害することを許せるわけがない」（「ハンギョレ新聞」論説／2004年6月23日）と怒りを爆発させた。

同じ理屈で考えると当然金九の行為も批判せざるを得ないが、韓国は金九の行動を正当化し、「義挙」とまで称える。何か矛盾しているのではないか。

日本人が韓国の王妃を殺したとはいえ（実際は王妃の殺害は朝鮮人と日本人が連合して犯した事件だが、この事実も韓国人にはあまり知られていない）、何の罪もない商人を殺したことは弁明の余地がない「過ち」であるが、韓国では「英雄」のためならそのような間違った行為ですら正当化する。

偉人伝とは偉い人の言動を見習うために作るものである。しかし、普通の商人を軍人にすり替えてまで、犯罪を正当化する人たちは、子供たちに何を教え、何を見習ってほしいと願っているのだろうか。

根拠ゼロの残酷物語「柳寛順伝」

1919年3月1日に起きた万歳運動の先頭に立った10代の女子生徒、刑務所の中で死亡したことが悲劇のヒロインとして多くの国民に感動を与え「韓国のジャンヌ・ダルク」と呼ばれている柳寛順について見てみよう。彼女は金九と共に韓国抗日運動の象徴である。

しかし、彼女の死については正確な情報はない。

> 大正9（1920）年9月28日午前8時20分。京城府西大門監獄で死亡

これは戸籍上の記録で、柳寛順の死亡に関して確認できる唯一[※1]の公式記録である。これ以外の公式記録はない。

しかし、なぜか韓国には柳寛順は凄まじい拷問を受け、遺体は6つに分断されていたのだという「都市伝説」が広まっている。拷問を受けたとか、遺体が切断されたとの証拠はない。だが、韓国のマスコミと作家たちは豊かな想像力を発揮し、物語を創造した。まず、終戦後間もない時期の記録を見てみよう。

> これに対する倭奴《ウェノム》たちの復讐は、少女の肉体を6つに切断し石油缶に入れたことだった。
>
> （「京郷新聞」1947年2月28日）

学校に戻って遺体の入った箱を開けてみて皆仰天した。遺体は複数に切られていて全身は傷だらけだった。

（『殉國處女柳寛順傳』田榮澤／首善社／1948）

はっきり言っておきたいことは遺体が切断されたという話は明らかなデマであることだ。これは実際遺体を引き受けた人の証言でも確認できる。直接、柳寛順に死に装束を着せた欧米人教師ミス・ワルターによる証言を紹介する。

「ずいぶん時間が経って韓国が自由を取り戻した後、彼女（柳寛順）に関する映画が作られ全国で上映された。その映画には私も主要人物として登場したが、私が韓国にいなかったので宣教師エマ・ウィルソンが私に扮した。1959年私が韓国を訪問した時、迎えにきた人々にインタビューを求められた。その時私は彼女の遺体は切断されていなかったことをはっきり証言した。私はきれいに保管された彼女の体に服を着せたのだ」

（『3・1운동의 얼 柳寛順』韓国独立運動史研究所／歴史空間／李廷銀／2010）

にもかかわらず、現在韓国で出版されている柳寛順の伝記を見るとやはり残酷な拷問を受けている少女の絵と描写に満ちている。

日本人が振り下ろした鞭で血と肉が飛び散る

看守たちは寛順姉さんを拷問室に連れて行った。棒で殴り、足で蹴り、気絶すると水をかけ再び殴り始める。数日後、お姉さんは血だらけになって監房に戻ってきた。

（『柳寛順』ヤン・ミエ著／ジャラムヌリ／2007）

看守長は柳寛順を廊下に連れ出し、鞭を振り下ろしました。肉が飛び散り、骨が見えた。気絶すると監房に投げ込みました。それでも足りなかったのか取調室に連れていき拷問を加えました。

（『柳寛順』ソン・ヨンジャ著／ヒョリウォン／2008）

梨花学堂の校長先生は刑務所に駆けつけ遺体の引き取りを申し出たが、日本の憲兵は自分たちの残酷な拷問がばれるのを恐れ渡そうとしなかったのです。

（『柳寛順』コン・ジエ／韓国チャイルドアカデミー／2010）

日本人看守たちは柳寛順を連れ出し、足で蹴りながら暴言を浴びせました。逆さ吊りにして水をかけ、膀胱が破裂するまで殴り、飢えさせました。また、地下の独房に監禁しました。槍で刺された傷はだんだんひどくなりました。そして、拷問で破裂した膀胱のせいで体が腐っていったのです。

（『柳寛順』ユ・ウンシル／ビリョンソ／２００９）

拷問を受けたという証拠がないにもかかわらず、これだけの残酷な描写をして、またそれを子供たちに伝えることは果たして問題ないことなのか。柳寛順が独立万歳運動をしたことは事実で、熱い愛国心を持っていたことも事実である。そして、彼女の業績を讃えるための誇張が入るとしてもそれは理解できる。しかし、このような偉人伝はただ子供たちに憎しみを抱かせるものに過ぎない。これはとても危険なことだ。

子供に「歴史」を教えるのはいいが嘘を教えてはいけない。そして、嫌悪、嫉妬、憎しみ、差別の感情を教えてはいけない。子供のとき頭に入った感情は大人になっても影響を及ぼすからだ。

前出の偉人伝を見て育った子供たちは日本との友好、平和を願う大人に成長できるのだろうか。そして、子供たちがこのような残忍な描写に接したときに生じた負の感情は彼ら自身の人格形成にも悪影響を与えてしまう危険性をはらんでいるのではないだろうか。

実は、金九と柳寛順の例は氷山の一角に過ぎない。韓国の子供を対象にする本や漫画ではこのように日本と日本人を悪魔のように描写することが少なくない。そして、その傾向は日本と日本人が加害者の場合だけではなく、商人土田譲亮のように被害者であった場合も現れる。

問題は、そのような描写に多くの間違いや嘘が混じっていることだ。怨みから罪のない民間人を殺し、金を奪ったことはさすがに子供に聞かせるのはよくないと思ったのか、商人を軍人に変え教えているのがその例であろう。

土田＝日本陸軍中尉説の場合、学界では既に廃棄された説にもかかわらず、子供用の偉人伝には相変わらず登場している。このような本を見て育った子供たちが大人になった時「金九が殺した人は罪のない商人だった」という事実に触れた時の困惑と混乱については誰が責任を取るというのだろう。そして、幼い頃から頭に刻まれている「間違った感情」を大人になって捨てることは可能だろうか。

人間の感情は理性を超え、過激な行動に走る場合がある。「私的報復」などがその例であろう。人を殺してはいけないと思っていても、自分の家族を殺した人が目の前にいたら「法の裁き」より「手」が先に出てしまうのが人間である。しかし、被害者と被害者の家族に同情することがあったとしても、人権、民主主義、法治を尊重する社会なら私的報復を正当化したり、讃えたりすることがあってはいけない。先進国入りを果たしたと誇らしげに語る韓国社会において、いまだにこのような感情的な反応と嘘で美化された行動が正当化され続けていることは非常に残念である。子供に必要なのは「虚偽の武勇伝」

ではなく、「真実」ではないだろうか。

歴史教師たちの困惑

中学校と高校で歴史を教える教師たちを対象にした面白い調査結果（２０１０年）がある。全国歴史教師の会の研修に※2参加した１１０人の中・高校歴史教師を対象に行った日韓関係史の授業についてアンケート調査が行われ、71名から回答を得た。その中に「日韓関係史の授業で感じる困難は？」という質問があるが、この回答を見てみよう。

面白いのは授業中に困難と感じる点は「教師自身」「学生」「教科書」に関する部分であり、「教育課程」「資料」などを選ぶ人は極めて少ないことである。もっとも多い「教師の観点と知識」の項目は、大きく二つに分けられる。

日韓関係史で感じる困難	回答数	比率
教師の観点と知識	20	28%
学生たちの反日感情	18	25%
一律的な教科書	15	21%
教育課程の限界	7	10%
学習資料の不足	4	6%
同僚教師	2	3%
その他	5	7%
計	71	100%

一つ目は教師の「偏向性」で、教師の主観が介入してしまうことについて自ら懸念している。「（日本に対する）教師自身が持っている観点が敵対的であるため、授業中に客観的な事実関係を説明するより、

（日本に対する）否定的な表現が多くなってしまう」との自己反省である。

二つ目は、「日韓関係史について知識が不足し、実際の授業では教師の感情の先入観が入ってしまう」というものだ。調査を行った人によると「大学院で日韓関係史に関連する専攻を履修した少数の教師を除いては、教師たちが日韓関係史を体系的に学べるチャンスは多くない」のが実状だという。

これは率直な告白ではあるが、教師自身が学生時代から「日韓関係史について学べるチャンス」を得ることができず知識が不足するため、「偏向的かつ感情的な授業」になってしまうという構造はかなり大きな問題といえよう。幼い頃から反日偉人伝を見ながら育った学生たちが、中高生になったら「日本に感情的で、偏向的な考えを持っている教師」の下で学ぶ。いったいどのような教育が行われるのだろうか。

「学生たちの反日感情」については、「学生たちが民族的対立と盲目的な排他意識を強く表すため、論理的な根拠に基づいて見解を推論できるように指導するが、学生たちは先に感情的に反応する」、「普遍的な人権や平和という多様な観点で植民地時代を把握するよう指導することが難しい」など学生たちの反日感情が「大きな障害物」になっているという。

子供の頃から頭に叩き込まれた感情が、中高生になると教師さえ手をつけられない程固定してしまうのだ。

調査者は、「学生たちは日本のアニメが好きで、日本の文房具を好み、日本の映画や音楽などには親近感を示す。しかし、授業中に見せる態度が日常の態度とはまったく違うことは注目すべきである」と語っているが、このように「言っていること」と「やっていること」が違う「歪んだ反日」、つまり、言動の不一致は彼らが大人に成長しても続くことになる。

ところで、教師も戸惑うほど強い反日感情を持った中高生が学校で学ぶ、あるいは学ばずに通りすぎる日本はどんな国なのだろう。史実と韓国における教育の現状、そして学生たちの反応の例を見てみよう。

朝鮮通信史が日本で見たもの

朝鮮時代（1392～1910）の支配層は、朝鮮は儒教と中国文化の継承者で、日本は天子（中国皇帝）の恩恵が及ばない野蛮な国という認識を持っていた。日本に対して詳しい情報もなく、知ろうともしなかったが、なぜか日本に対する優越感を持っていたのだ。

しかし、朝鮮通信使たちが海を渡り日本で見たものはあまりにも衝撃的なものだった。朝鮮初期の1429年朝鮮の使節として派遣された朴瑞生《パクソセン》が日本で驚きをもって観察した事物についての証言を記した文献[※3]が残っている。水車を利用する農業、貨幣が広く通用している経済システム、商業として定着した風呂文化、徹底した商品の管理、衛生、税金などを報告し朴瑞生はこれらのシステムを参考、導入することを進言している。

「日本の農民には、水車を設置して田に灌漑《かんがい》している者がいます。学生の金愼《キムジン》を遣わして、その水車の構造を調べさせました。その水車は水力で自ら回転しながら水を汲み上げており、わが国でかつて作った人力によって水を注ぐ水車とは違います。」

「日本はその国都から沿海に至るまで銭の使用が盛んで、布や米よりもずっと多く用います。このためたとえ千里を行くときでも、旅行者は銭緡だけ携行し、食糧を持ちません。道路沿いに住む人々が旅行者の寄宿所を設置しており、客が来ると争って招き入れ接待し、客から銭を受け取り、人馬を提供します。関梁となる大河には舟橋を設置し、小川には樓橋を設置し、その傍に住む者が橋税を管掌しています。橋を通る客から十文とか五文の銭を徴収しますが、橋の大小に応じて額が定められ、後日の補修資金に充てています。土田や舟車の税に至るまで、すべて銭を用いるため、銭の用途が広く、人々が重い荷を負って遠くへ行く労苦がありません。」

「日本の俗では年齢を問わず沐浴して身体を洗うことを好み、大家にはそれぞれ浴室を設置し、民家にも、また色々な場所に浴所を設けますが、その浴室の造りが甚だ巧妙で便利です。湯を沸かす者が角笛を吹けば、この音を聞いた人々が争って銭を出して入浴します。」

「日本の市場では、売り手は庇の下に板を張って棚をつくり、その上に商品を置きます。このため土埃で商品が汚れることがなく、買い手はたやすく商品を探してこれを買えます。市場では人々は貴賤の別なく食物を買い求めて食らいます。わが国の市場では乾湿にかかわらず魚肉等の食物を皆土の上に置き、その上に坐ったり踏んだりしています。」

（『世宗實錄』）

このような記録は当時より現在の韓国人たちにとって大きなショックである。なぜなら、ほとんどの韓国人は文禄の役の前は朝鮮が日本より優れた文明を持っていたと信じているからである。

朴瑞生の記録を見る限り、朝鮮は貨幣経済も普及しておらず、商業、科学の面でも日本より進んでいたとは言い難い。だが、韓国人はこのような事実をあまり知らずに、ただ文禄の役までは韓国が進んでいたと思い込む。なぜならば、韓国学生たちは朴瑞生の「記録」に言及されないまま、「朝鮮が文明を伝えた」という「主張」だけを学ぶからである。


朴瑞生の進言内容を学生たちに教えるのは、朝鮮が日本より発達していたと教えてきた韓国にとっては不都合なことに他ならない。だから、朴瑞生の進言内容については教えない。「隠す」のだ。

このような例は一つではない。17世紀に編纂された百科事典『芝峰類説』にも日本の水車について記されているが、本の名前を教わるだけで、本の中に書いてある以下のような内容については教えない。

> 去年、楊萬世が日本から水車について学んで来たが大変便利だった。にもかかわらず、我が国の人々は心が拙劣で、それを使わない。残念なことだ。
>
> （李睟光（1563～1628）『芝峰類説』）

日本の発展に仰天する金仁謙

また、1761年通信使として日本を訪問した金仁謙《キムインギョム》は建物、自然の美しさ、潤沢な生活、女性の美貌、華麗な城、繁盛している商業を目にして仰天する。彼の目に、大阪は楽園のように映り、名古屋の女性は天女のように見えた。

しかし、なぜかそのショックは同時に「悔しさ」をもたらしたようである。金仁謙は朝鮮より日本が遥かに繁盛している現実に嘆息しながらも事実を受け入れようとしない。野蛮な国として認識していた日本と、直接行って自分の目で見た日本の姿があまりにもかけ離れていたためにパニックを起こしたのである。その原因は単純だ。朝鮮の漢陽（現ソウル）には、本当の日本の姿がまったく伝わっていなかったためである。金仁謙が残した紀行文『日東壮遊歌』を見てみよう。

一月二十二日　大阪城［大阪］
人家もまた多く　　百万戸ほどもありそうだ
我が国の都城の内は　　東から西に至るまで
一里といわれているが　　実際は一里に及ばない

富貴な宰相らでも　百間をもつ邸を建てることは御法度
屋根をすべて瓦葺きにしていることに　感心しているのに
大したものよ倭人らは　千間もある邸を建て
中でも富豪の輩は　銅をもって屋根を葺き
黄金をもって家を飾りたてている　その奢侈《しゃし》は異常なほどだ
南から北に至るまで　ほぼ十里ともいわれる
土地はすべて利用され　人家、商店が軒を連ねて立ち並び
中央に浪華江［淀川］が　南北を貫いて流れている
天下広しといえこのような眺め　またいずこの地で見られようか
北京を見たという訳官が　一行に加わっているが
かの中原［中国］の壮麗さも　この地には及ばないという
この良き世界も　海の向こうより渡ってきた
穢れた愚かな血を持つ　獣のような人間が
周の平王のときにこの地に入り　今日まで二千年の間
世の興亡と関わりなく　ひとつの姓を伝えきて
人民も次第に増え　このように富み栄えているが
知らぬは天ばかり　嘆くべし恨むべしである

二月三日　名古屋
その豪華壮麗なこと　大阪城［大阪］とかわりない
夜に入り灯火が暗く　よくは見えぬが
山川広闊《さんせんこうかつ》にして　人口の多さ
田地の肥沃　家々の贅沢なつくり
沿路随一といえる　中原にも見当たらないであろう
朝鮮の三京も　大層立派であるが
この地に比べれば　寂しい限りである
（中略）
人々の容姿のすぐれていることも　沿路随一である
わけても女人が　皆とびぬけて美しい
明星のような瞳　朱砂の唇
白玉の歯　蛾の眉
茅花の手　蝉の額
氷を刻んだようであり　雪でしつらえたようでもある
人の血肉をもって　あのように美しくなるものだろうか

趙飛燕や楊太真が　万古より美女とのほまれ高いが
この地で見れば　色を失うのは必定
越女が天下一というが　それもまこととは思えぬほどである

二月十六日　品川↓江戸
雨支度で　江戸に入る
左側には家が連なり　右側は大海に臨む
見渡す限り山はなく　沃野千里をなしている
楼閣屋敷の贅沢な造り　人々の賑わい男女の華やかさ
城壁の整然たる様　橋や舟にいたるまで
大阪城［大阪］、西京［京都］より　三倍は勝って見える
左右にひしめく見物人の　数の多さにも目を見張る
拙い我が筆先では　とても書き表せない
（中略）
女人のあでやかなること　鳴護屋［名古屋］に匹敵する

三月二十九日　名古屋（帰路）

山河広々と麗しく　人家がずらりと軒を連ねているのは
大阪と同じである　女人の眉目の麗しさ
倭国第一といえる　若い名武軍官らは
道の左右で見物している美人を　一人も見落とすまいと
あっちきょろきょろこっちきょろきょろ　頭を振るのに忙しい

（『日東壮遊歌――ハングルでつづる朝鮮通信使の記録』
金仁謙著、高島淑郎　訳注／平凡社／1999）

大阪の繁栄を目にした金仁謙は「嘆くべし恨むべし」と綴っている。だが何を嘆き、恨まなければならないというのだろうか。

漢陽の貴族であった金仁謙も「現実」とはずいぶん離れた情報しか持っておらず、自分の目で初めて韓国の外側の風景を確かめた時、持っていた情報と現実の乖離に混乱を起したのではなかっただろうか。

しかし、このような自己愛的な思い込みは朝鮮時代のみならず、現在でも度々目撃できる。その一つの例が、「日本が開港するまでは朝鮮の文化が上だった」というものだ。上記の金仁謙の逸話も韓国社会にはほとんど知られていない。学校でも金仁謙が残した紀行文『日東壮遊歌』については学ぶが、その具体的な内容、もちろん上記の内容に対してはあまり触れられていない。

1985年韓国で発行された古典文学の高校教科書（志学社）には『日東壮遊歌』が載っている。しかし、上記のような日本の繁盛に関する内容は載っておらず、旅に出る心境、日本についた時の不安と苦労話だけが紹介されている。

そして、各章に設けられている「研究問題」では「作者は日本人をどう見ているか。上記の文から関連がある句をあげて話してみよう」と学生に感想を聞いている。

本文に描かれた風景はコミュニケーションが取れず困っている通信使の姿がほとんどで、登場する日本人の姿というのは不親切な「駕籠の担ぎ手」しかいない。これだけを提示して「日本人像」を語らせることに果たして意味があるのだろうか。通信使があれほどまでに絶賛した名古屋の美人についても原文を見せ、意見を求める方がバランスの取れた教科書とはいえないだろうか。

実際、教師たちは「文化的に低いレベルだった日本が、朝鮮を支配する支配者として登場した時、その飛躍を学生たちにどう説明すればいいか困惑してしまう」※4という。

肯定的な部分は伝えず、悪い部分だけを見せる教育では、現代に第二、第三の金仁謙が現れても不思議ではない。

詳しくは第5章で紹介するが、実際今も日本に行って驚きを覚える韓国人は少なくない。通信使と同じく、日本について持っていた「情報」と実際の「体験」のギャップが大きいからだ。韓国は通信使がいたことについては教えるが、結局通信使の話から教訓はいまだに学ぶことができていないのではないだろうか。

徳寿宮が燃えた理由は？

文禄の役で朝鮮王朝の宮殿である徳寿宮《トクスグン》が朝鮮の市民たちの放火によって消失したこと、そして宮殿の説明にはそれが「倭軍により燃えてしまい」と説明されたことについては第1章でも述べた。この事件については韓国の教科書にも詳しく書かれていないが、学生たちはどのように認識しているだろう。

徳寿宮の中に立っている案内看板には次のような文章が書いてある。ここには「倭軍により」という間違った情報は書かれていない。これを中学2、3年生210人に提示し思うところを聞いてみた。

〈問い〉次は徳寿宮に関する記録である。徳寿宮が消失した原因と思われるのは？

大韓帝国の正宮だった徳寿宮は本来成宗の兄、月山大君の邸宅だった。壬辰倭亂（文禄の役）によりソウルの全ての宮殿が燃えてしまい、1593年から宣祖の臨時居所として使われたが、光海君が1611年貞陵洞行宮と呼ばれていたこの宮殿を慶運宮と正式に名づけた。

（徳寿宮内の看板に書いてある内容）

① 倭軍による放火
② 朝鮮朝廷による放火
③ 朝鮮の人民による放火
④ 戦闘中の火事による消失

結果、60％の学生が「倭軍による放火」という間違った答えを選んだのに対し、正解である「朝鮮人民による放火」を選んだ学生は9・6％に過ぎなかった。徳壽宮の看板に書かれているのは「嘘」とまではいえない。しかし、それを見た学生たちの多くが歴史的事実とは異なった「認識」をする可能性が十分にあり得る表現なのである。

日本軍の放火により徳壽宮が喪失したと思う学生が、日本に対して負のイメージを持つようになるのは自然な流れだ。そして、これは彼らが成長し大人になる過程で「偏見」となり固まっていくだろう。

捕虜になった朝鮮の王子

文禄の役で朝鮮人民の反乱により日本軍の捕虜になった朝鮮の王子について教科書には何の記述もない。そこで、百科事典の文章を提示してその原因と思われるものを聞いてみた（提示した文章には日本

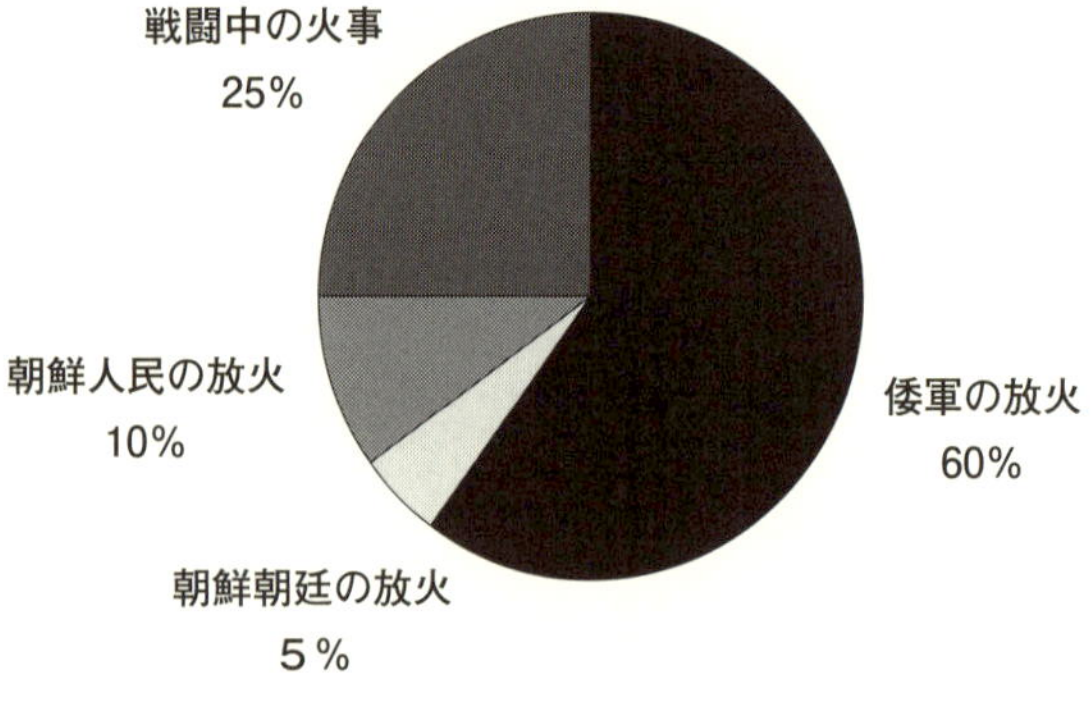

首都圏の中学生210人を対象にしたアンケート結果（有効回答数207）

軍の捕虜になった事実だけが書いてあるのみで、その経緯は書いていない)。

〈問い〉次は壬辰倭亂に関する記録である。朝鮮の二人の王子が日本軍の捕虜になった原因と思われるのは?

上陸からわずか20日でソウルは倭軍に占領された。ソウルに入城した倭軍は隊伍を整え、小西の部隊は平安道、加藤の部隊は咸鏡道、黒田の部隊は黄海道へ進路を決める一方、ソウルを守る部隊を置き、慶尚、江原、全羅道方面へ進出し後方を担当した。江原道、黄海道方面へ募兵に行った二人の王子も倭軍の捕虜になり、破竹の勢いで攻めてくる倭軍により開城、平壌は釜山上陸から僅か60日も持たずに陥落。無防備状態だった全国土は咸鏡道まで進出した倭軍に踏み躪られることになった。

(斗山百科事典の『壬辰倭亂』の記録中)

① 倭軍の罠に落ちて生け捕られた
② 倭軍と戦闘中捕虜になった
③ 倭軍に降伏して捕虜になった
④ 朝鮮の人民が捕まえて倭軍に渡した

ここでも正解である「朝鮮の人民が捕まえて倭軍に渡した」と答えた学生はわずか13・5％に過ぎず、過半数が「戦闘中捕虜になった」と答えた。

ここでわかることは、正確な情報がない場合でも日本が加害者と思う割合が圧倒的に高いということである。つまり、学生たちの想像や推理が自然に「日本＝加害者」、「韓国＝被害者」という方向へ動いてしまうのだ。韓国社会が不都合な事実を徹底的に隠してきたことが原因の一つとも言えるだろう。

韓国では文禄の役で朝鮮の民・官・軍が協力して日本軍を退けたと強調するが、当時民衆の立場からみると必ずそうではなかった。当時の社会と民衆の生活を観察、記録した『瑣尾録《スエミロク》』には、義兵の募集には人が集まらないが、日本軍が来ると歓迎する朝鮮の民衆を見て嘆く内容がある。当時朝鮮の民衆がなぜそのような行動に出たかを知ることは朝鮮時代の実状を知るために貴重な情報となることは間違いないが、韓国の歴史教育においては重要ではない内容であるようだ。

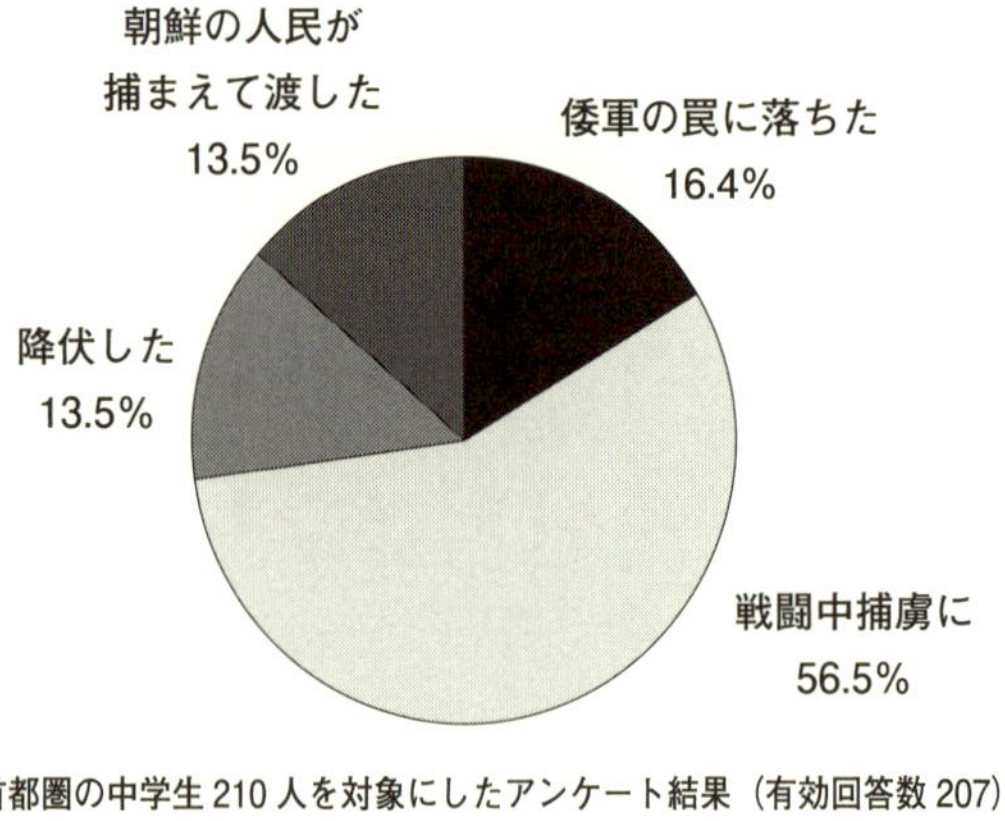

首都圏の中学生210人を対象にしたアンケート結果（有効回答数207）

韓国社会は常に「日本の負」の記録と証言だけを強調し、「韓国の負」を隠してきたため、日本を褒める内容や、暴かれる韓国の恥部には戸惑いを隠せない人が少なくない。そして、それは個人的に混乱を経験するレベルを超え、逆上を伴う極端な反応に走ることも少なくない。

幼児期とは違って青少年期は思考能力が高まり、自ら調査、判断ができる時期である。今の時代、インターネットで調べれば徳壽宮の火事、捕虜になった王子の話などはいくらでも出てくる。もし、好奇心を持つ学生がいて自ら調べて事実を知った時は「このような重大事件をなぜ学校では教えてくれないのか」と疑問を持つはずである。その疑問は学校と教科書に対する不信と疑いという負の効果だけを生むのではないだろうか。

※1：『3・1運動の魂 柳寛順』李廷銀／韓国独立運動史研究所／歴史空間／2010
※2：『歴史教育研究』Vol. 11「韓日関係史授業で教師が感じる困難の要素と性格」許信惠／2010
※3：「世宗莊憲大王實錄」1429年12月3日記録
※4：『歴史教育』第95集「歴史教育においての韓日関係と民族主義」朴中鉉／2005

第3章　韓国歴代政権の「反日」と反日主義の構築

韓国歴代政権の「反日」

韓国は反日感情が強い国として世界的にも有名である。その理由は何であろう。

多くの日本人はその理由として「過去」を思い浮かべるに違いない。20世紀初頭に行われた日韓併合、大日本帝国による朝鮮統治があり、これが反日感情の根源であると推測するのである。しかし、私の検証作業の結果から述べると、現在韓国社会に広がっている反日感情は単純に「過去」だけでは説明しきれない部分が多い。

まず、日韓の「過去」を振り返ってみよう。この言葉で韓国人が思い浮かべるのは日本と韓国が大きく衝突した1592年の「文禄の役」と1910年の「日韓併合」である。その前にも663年倭国が百済を救援するため4万の大軍を派遣した「白村江の戦い」、鎌倉時代に高麗軍がモンゴル軍に加わって日本を侵攻した「元寇」という軍事的な衝突も挙げられるが、それらはあまりにも遠い過去のことであり、ただ「そのような事件があった」というくらいの認識が一般的なものである。

35年間朝鮮半島を支配した「日韓併合」だけでも韓国人が日本に対し反感を持つのは当然だろうと思う日本人もいる。私自身も韓国に生まれ育ち、その教育を受けてきた韓国国民として、この事件、そして秀吉の一方的な侵略である「文禄の役」が韓国人の持つ反日感情の主な原因だと思っていた。

しかし、現在の反日感情はこの二つの事件だけでは説明できない。例えば、日本統治期の反感と鬱憤

が原因であれば、今より終戦直後の方がもっと強かったはずである。そして、「세월이 약이다（歳月が薬だ：時間が解決してくれるの意）」という韓国の諺の通り、時間が経つにつれて少しずつ薄れていくのが普通である。

歴史上、韓国がもっとも大きな犠牲を払い、辛酸を舐めたのは13世紀モンゴル来襲の時だ。約40年に渡って7回の侵攻を受けた高麗は全土が荒廃し、多くの高麗人が財産や命を失った。しかし、現在の韓国人にモンゴルあるいはモンゴル人を憎んだり、嫌ったりしている人はいない。時間が経つにつれ記憶が薄れたからである。それに比べると日本に対しては記憶が薄れるどころか益々反日扇動、反日報道が増えてきているという印象を受ける。その理由は何だろうか？　日韓の政治、経済的な協力関係や文化交流は間違いなく増加の一途を辿っているが、それと同時に、憎しみも強くなっているのだ。

ここに一つの例を挙げる。「慰安婦」問題である。

慰安婦問題は終戦直後から80年代まではまったく問題視されていなかったが、40年近く経った１９８０年代に突然話題となった問題である。それ以前は今になって思えば不自然とも思えるほど話題にならなかった。１９６５年の韓国では日韓会談に反対する反日デモ、反日報道が激しく展開されていたが、それでも「慰安婦」が問題になったことはほとんどなかったのである。１９８０年代以降この問題は燻り続け、韓国社会は２０１２年ソウルの日本大使館前に「日本軍慰安婦平和碑」を設置することでこの問題を未来へ繋いだ。

本題に戻ろう。日本と韓国の多様な資料に接した結果、気付いたことがある。

それは、①現在見られる韓国の反日感情は「過去」に起因するものではない、②韓国社会には社会的「システム」として反日感情を生産、維持する装置がある、③その「システム」の中に生まれ、育った人々は自分が限られた情報と報道しか見ていないことを認知できないということである。

だとすれば、その「システム」を作り上げ、運営している主体はいったい何者なのかという疑問が自然に浮かんでくる。これが本章および次章のテーマである。

反日システムの「主体」はどのような機関であり、どのような目的で運営され続けているのか。これを究明していく。本章ではまず、システムを産み落とし、育て上げ、しかし奔放に育ちすぎた子供に手を焼きつつも手放せない「親」とも言うべき存在について紹介する。すなわち、終戦時から現在までの韓国歴代政権と大統領である。

終戦直後の状況

1945年、日本が連合国側に対して無条件降伏を表明することにより、朝鮮半島における35年間の日本統治も幕を下ろした。しかし、独立の喜びも一瞬のこと、朝鮮半島に混乱が訪れた。独立した朝鮮半島において、国内外に散在していた政治勢力による政権争いが始まったからである。

この時代の代表人物は、上海で臨時政府を率いた「金九《キムグ》」、米国で独立運動を続けてきた「李承晩《イスンマン》」、満州で抗日パルチザンとして活動した「金日成《キムイルソン》」、朝鮮左翼運動のリーダーだった「呂運亨《ヨウニョン》」の4人である。

進駐軍として、緯度38度線を境に北はソ連が、南は米国が各々進駐し軍政を実施した。北はソ連に全面的な支援を受けた金日成が簡単に政権を握ったが、南はそうはいかなかった。イデオロギーの対立と政権闘争の末、南にいた3人のリーダーのうち、「金九」と「呂運亨」が暗殺され、「李承晩」が大統領の座を手に入れた。

李承晩政権（1948〜1960）——35年間の朝鮮統治に対する反感

1875年生まれの李承晩《イスンマン》は日本統治期以前から韓国で愛国啓蒙運動と政治活動をしていた人物である。上海で樹立された大韓民国臨時政府の初代大統領（1919〜1925）も務めた。

アメリカの大学を卒業し中国、ハワイ、米国本土を拠点とし独立運動を行ってきた彼にとって、日本という存在は「敵」そのものに他ならなかった。30年余りの長期に亘る海外滞在のために1910年代以後の日本統治を経験したこともなく、日本と繋がる人脈も日本に対する好意的な印象も皆無であった。米国で独立運動を続けていた李承晩は終戦後の韓国に帰国、3年間の米軍政を経て直接選挙により韓国初代大統領に就任する。

彼は歴代韓国大統領の中で最も反日感情が強かったといってもよい。竹島および領海問題で日本と激しく対立。日本と韓国の間にある海に「韓国側が設定したライン（李承晩ライン）」を越えたという理由で日本の漁船を拿捕し漁師を拘禁したことで悪名が高かった人物である。

韓国は李承晩ラインに基づいて1952年からの13年間日本の漁船を取り締まり、日本側の被害は抑留者3929人、拿捕した船舶数328隻、死傷者は44人を数えた。李承晩ライン問題で韓国政府は米国と日本から激しい抗議を受けた。李承晩は日本との国交正常化にも消極的で、交流どころか日本との対話の機会すら設けようとしなかった。

このように日本に対し強い反感を持っていた李承晩ではあるが、日本統治期の行政、軍、警察官僚を登用したという理由で現在の韓国では皮肉にも親日派の清算を挫折させた「親日派庇護」の人物として広く知られている。

李承晩が反日感情を持っていた理由は単純なものだ。朝鮮を合併した日本、そして、長年亡命生活を余儀なくされたことについて日本を許せなかったからだ。ある意味彼の反日は素直な感情の表れだったといえよう。

朴正煕政権（1961〜1979）——政権のため利用された反日

李承晩政権の不正選挙、腐敗により学生を中心とする市民のデモが広がり1960年、李承晩は大統領の座から退く。李承晩の失脚により新しく政権を掌握したのが民主党政権（1960〜1961）である。しかし、経済、社会状況が混迷する中で、強力なリーダーシップを持つ人材に恵まれなかった民主党政権の支持率はまた低迷していた。

1961年5月、陸軍少将朴正熙《パクジョンヒ》がクーデターを起こし、権力を掌握したのはこのような時期であった。民主党政権はわずか1年余りで幕を下ろす。

朴正熙は日本統治期に大邱師範学校を卒業して、小学校教員、満州軍官学校、日本陸軍士官学校、満州国の将校を経験した人物で、誰よりも日本統治時代をよく知り、韓国における日本統治システムの長所と短所を理解していた人物だ。

当時の韓国は貧しい国だった。一次産業以外には産業らしい産業も存在しない韓国が経済構造を改革し、産業インフラを整えるためには「ドル」が必要である。それを用意する術など当然持ち合わせていない韓国が難局を乗り越えるためには日本の「支援」が必要だった。

自尊心のため日本との国交正常化に消極的だった李承晩とは違い、朴正熙政権は積極的に日本との交渉を進め1965年に35年間の日本支配に対する8億ドル（無償3億ドル、有償2億ドル、民間借款3億ドル）の資金を引き出すことに成功した。

韓国内では朴正熙政権の対日政策が「屈辱外交」であると非難する激しいデモが起こり、国交樹立に反対する声も多かったが、朴正熙は反対世論を押し切って日本からの協力を積極的に取り入れた。韓国の近代化を達成することを最優先課題としたためである。彼が取った対日政策は当時韓国では批判の対象であったが、現在は結果的に経済発展を可能にした判断であったという評価が多い。

朴正熙の在任期間中、民族意識を鼓吹する民族主義的な教育と宣伝が広く行われた。過去の歴史と先祖を偉大なる存在として描いた社会認識の中に「反日」が含まれるのは必然的なことだったといえよう。日本に勝つことを「正義」とし、日本に対し抵抗し続ける「我々《ウリ》」を「英雄」として扱うのが最も簡単で効く方法だからだ。

ヒーローの戦功および味方の正統性を強調する手段としてよく使われる方法が二つある。一つは敵を優れた能力の所有者と描写すること。もう一つは敵を残酷で邪悪な存在として描写することである。前者は「相手を倒した我々はもっと強く誇らしい」というイメージを植え付け、後者は「邪悪な敵を倒した我々は善良で正義である」というイメージを植えつけることができる。

文禄の役では明軍、太平洋戦争では米軍の参戦がなかったら日本を撤退させることができなかった朝鮮が「我々はもっと強い」と主張するのには無理がある。そこで韓国が採択したのは、日本を限りなく邪悪な存在として描写するという方法だった。

そしてその目論見どおり、韓国社会には自分（韓国、韓国人）に対する「自尊心」が芽生え、同時に日本に対する「反感」が広がった。ここで特筆すべきことは、この時点で民族主義的な教育の目的は国民にプライドを持たせることにあり、「反日感情」を引き起こすことではなかったという点である。

しかし、後に朴正熙政権は、この「反日感情」を自ら利用するようになる。代表的事例が「金大中《キムデジュン》拉致事件」および「文世光《ムンセグァン》事件」である。

１９７３年、東京のど真ん中で起きた「金大中拉致事件」は日韓関係を大きく悪化させた重大事件である。韓国の外交官と中央情報部（ＫＣＩＡ）が関与し、日本に避難中の野党指導者を拉致したこの事件は日本社会へ大きなショックを与えた。

それと同時に、韓国側が起こした白昼の犯罪劇は日本国民に、韓国は独裁国家であるという強烈な印象を与え、日本国内に反韓感情が高まる原因となった。

韓国内でも野党指導者に対する弾圧という政権批判の声が上がり、朴政権は国内外のマスコミから連日叩かれた。そこでＫＣＩＡは難局を打開するため官製デモを画策する。

２００７年公開されたＫＣＩＡの内部文書がある。そこにはＫＣＩＡが金大中事件について「日本メディアの報道が偏っている」と逆に日本を批判する世論を作りあげ、韓国の反日団体、右翼団体、在日韓国人団体が日本を糾弾するように誘導していたことが記録されていた。これは一種の「逆ギレ」で、自らの「過ち」を日本に対する「怒り」で塗り潰そうとしたのである。

しかしながら、韓国政府は金大中拉致事件以降、窮地に追い込まれる一方であった。ここに韓国政府の立場が一気に逆転する事件が起きる。拉致事件から１年後の１９７４年に起きた「文世光事件」がそれである。

１９７４年８月15日政府の記念式場で在日朝鮮人文世光が朴正煕大統領を狙って撃った銃弾が隣にいた大統領令夫人陸英修《ユクヨンス》女史に当たり、陸女史が死亡したという事件である。

在日朝鮮人の文が韓国へ渡り起こしたこの事件は民族内の問題ではないかと思われるかもしれない。問題は、事件に使われた拳銃が日本の警察署で紛失したものであった点、そして韓国政府が発表した共犯の中に日本人夫婦が含まれていた点である。

共犯として名前が挙がった日本人夫婦は犯人の知人ではあったものの、韓国へは入国すらしておらず、事実無根と関連性を否定した。にもかかわらず、何の証拠も関連性も立証されないまま、韓国社会には「国母暗殺犯の共犯が日本人」という認識だけが広がった。これにより、政権批判という韓国社会の怒りは、日本批判へとすり替えられたのである。その怒りは日本商品不買運動といった反日運動にまで発展した。陸女史が素朴な生活ぶりと温厚な人格から国民に尊敬されていたことも反日の雰囲気を増長する一因となった。

日本は田中角栄総理（当時）自らが陸女史の葬式に参列し、遺憾の意を示すと共に、自民党の重鎮であった椎名悦三郎らを特使として韓国に派遣するなど、激昂する韓国側に対して最大限の誠意を見せるしかなかった。そしてこの事件により前年度に起きた金大中拉致事件を非難する声はかき消される。外交上も「引き分け」となったのだ。

朴正煕政権は、政権発足初期には日本との国交正常化を巡って「屈辱外交」、「親日政権」と批判を浴びたこともあるが、一方で政局運営において「反日感情」というカードを利用し始めた政権でもあった。そして、この時期は言論、出版の自由が制限されていたため、政権が思う通りに「国民感情」をコントロールできた時代でもあったことを付記しておく。

全斗煥政権（1980〜1988）——和解ムード

1979年、朴正煕大統領が部下に暗殺される事件が起き、この混乱を収拾し政権を取った全斗煥《ジョンドゥファン》は日本を訪問し韓国大統領として初めて天皇を訪問するなど、悪化していた対日関係の改善のために努力する。軍出身の全斗煥は鉄拳統治を行ったが、この時期の韓国はオリンピック誘致に成功するなど飛躍的な経済成長を遂げた。

一方で、この時期にはそれまではなかった新しい反日のテーマが登場する。それは、「歴史教科書」、「靖国参拝問題」、「慰安婦」問題である。これらの問題は李承晩、朴正煕政権の時代（1950〜1980）にはほとんど言及されなかった問題である。現在の日韓関係において最も大きなネックとなっている問題の中で、竹島問題を除くほとんどの問題がこの時期に登場したのである。

ここで、この時期の問題が以前の反日とは少し性格が異なる点に注目したい。李承晩時代の反日と令夫人暗殺事件による反日は「上（政権）」から始まった反日だった。政権の意図が反映されていたという意味だ。

しかし、全斗煥政権時代の反日の動きは日韓の市民団体、在野学者の問題提起から始まったケースが多い。このような「下」からの反日は政権にとっては負担となった。政府は国民の反日感情を常に意識しなければならなくなったのである。

全斗煥政権下にも言論の自由はなく、新聞、雑誌、書籍は事前の検閲が強いられ、反政府性向の記者や作家は弾圧を受けていた。だが、反日性向の意見は統制の対象ではなく、自由に声を上げることができたのである。

例えば、政府が対日政策において強硬な態度を見せなければ、マスコミは「売国奴」、「親日政権」と非難の声を上げた。しかし、それでもこの時期の「反日」の声は、まだほんの産声に過ぎなかった。

尚、この時期にも日本従軍慰安婦の問題が新聞の小さな記事として幾度か取り上げられたことがある。だが、それ以上その問題が大きく報じられることも、慰安婦問題について日本への非難の声が上がることもほとんどなかった。

ところで、実はこれ以前にも「慰安婦」という単語自体は韓国新聞の社会欄に頻繁に登場していた。しかし、その「慰安婦」という単語が指すものは「日本軍慰安婦」ではなく、今では韓国社会がタブーとしている「米軍慰安婦」のことだった。

盧泰愚政権（1988〜1993）――民主化と開放、慰安婦問題の台頭

盧泰愚《ノテウ》は前任者の全斗煥と陸軍士官学校の同期生で、朴正煕の死後全斗煥が起こしたクーデター（1980年）の核心メンバーでもあった。しかし、彼は民主化を求める国民の声に応え権威主義を捨てるとともに言論、表現の自由を保障した。その結果この時期には民族主義的な感性を刺激する映画や本

がものすごい勢いで出回り始めた。

対日関係においては盧泰愚も友好関係を維持し、就任後の日本訪問、天皇による過去に対する遺憾表明などむしろ親密な関係への発展材料が多かった。

しかし、政府レベルでの友好関係とは逆に国民感情は険悪な雰囲気となっていた。いわゆる「慰安婦」問題がこの時期（1992年）になって大きな問題として浮上し、国際外交問題に発展したからである。

前述の通り、それまで慰安婦問題は韓国でほとんど言及されることがなかった問題だったのだが、この時期になって国全体が騒然とするほどの話題となり、以後の対日関係において最も重要な論点の一つになった。

今となっては慰安婦問題を解決できなければ、日韓関係は永遠に平行線のまま距離が縮むことはありえない、と思われるほどの重要な問題になってしまった。両国の間に過去に存在しなかった大きな「壁」がこの時期にできたのである。


韓国3大新聞の一つである東亜日報の記事で「慰安婦」という単語がどのような状況で使われたかをデータベース検索を通して調べた結果を見てみよう。これを見ると不自然な現象を発見できる。

終戦から1990年代まで約40年間、「日本軍慰安婦」と関連する記事は20件以下だが、1991年から1995年までの5年間は、616件に爆発的に増加する。一方、戦後40年間「米軍」を相手にする売春婦を意味した「米軍慰安婦」と関連する記事は急激に減少し、現在はほぼ使われなくなったのだ。

つまり、韓国社会は終戦後40年近く、「日本軍慰安婦」問題についてほとんど批判も、言及もしてこなかった。この空白の40年間、韓国で「慰安婦」という言葉が指す対象は主として米軍慰安婦、UN軍慰安婦であった。

ところが1980年代、「日本軍慰安婦」が国際的な話題に浮上すると米軍慰安婦の存在は紙面から姿を消してしまう。この変化を自然な流れと言えるのだろうか。逆に反日感情が強かった戦後から1970年代まで「日本軍慰安婦」が問題視されてこなかったことに理由があるのだろうか？

ところで、この新しい問題提起は韓国内で起きたのではなく日本からの「逆輸入」によるものであった。そのキッカケとなったのは吉田清治の『私の戦争犯罪─朝鮮人強制連行』（1983）という本である。吉田清治は日本共産党出身で、この本は1989年韓国で出版され「良心ある日本人の告発本」と評価されたが、まだ社会的な反響は大きくなかった。しかし、出版され

年度	日本軍慰安婦を指す記事数	米軍慰安婦、売春婦を指す記事数	主要事件
1951-1955	1	17	1950-1953　朝鮮戦争
1956-1960	0	36	
1961-1965	0	55	1965年　日韓国交正常化
1966-1970	1	118	
1971-1975	5	39	
1976-1980	0	20	1977年　吉田『朝鮮人慰安婦と日本人』出版
1981-1985	4	9	1983年　吉田『私の戦争犯罪─朝鮮人強制連行』
1986-1990	5	8	1989年　吉田の告発本が韓国で出版
1991-1995	**616**	3	

韓国新聞記事の中で「慰安婦」という言葉が指す意味
（「東亜日報」の政治、社会面のNAVERニュース検索結果）

てから3年後の1992年突然センセーションを起こし韓国内で一躍ベストセラーとなる。そして、吉田は韓国を何回も訪問し講演会、インタビューなどで注目を浴びる時の人となった。

後に吉田の手記に出てくる韓国済州島での「慰安婦狩り」は、韓国のマスコミによっても作り話であることが証明されたが、一度広がってしまった「伝説」がそれ以降の韓国社会の対日感情を支配するという、恐ろしい結果を招いた。

金泳三政権(1993~1998)——暴走する歴史審判

金泳三《キムヨンサム》は朴正熙政権時代から野党のリーダーを務めていた人物で、長く続いた軍事政権に対して強い反感を抱いていた。就任後いち早く軍の改革に取り組み、軍内部の私組織解体と粛軍作業を行った。これで国民の高い支持を得た金泳三が次に実施したのが「歴史の立て直し」という名の歴史清算運動だった。金泳三は「民族精気を取り戻す」と宣言し、1996年ソウルのど真ん中にある中央庁(旧朝鮮総督府)の庁舎を解体した。反対の声がなかったわけではないが、「総督府解体に反対するのは売国奴」といわんばかりの雰囲気に押しつぶされた。解体作業は大統領の業績として記録され、朝鮮総督府庁舎は完全にその姿を消してしまった。

金泳三が総督府庁舎を解体しようと決めた理由は彼が野党時代、修学旅行に韓国を訪問した日本人学生が総督府をバックに記念写真を撮る姿を見て「韓国人からみると日本人が郷愁を感じているかのよう[※1]

に映り、反日感情が出て混乱を誘発しかねない」と思ったからだという。つまり、個人の勝手な思い込みが「民族精気」という名前に変わり、数百億ウォンの税金を注ぎ込んでの撤去作業となったのである。

それに対しては、日本統治期の建物を撤去し、失った民族精気を取り戻すと言いながら、同じく日本統治期に建てられた「韓国銀行」（旧朝鮮銀行）、「ソウル駅」（旧京城駅）についてはまったく触れなかったという批判の声と共に「民族精気」という概念の曖昧さを指摘する声もあった。

金大中政権（1998～2003）——名ばかりの日本文化開放

金大中《キムデジュン》は日本と接点が多い人物である。朴正熙政権の時代、朴政権の迫害から逃がれ日本に渡った彼は韓国民主回復統一促進国民会議（韓民統）という組織を結成し議長の座についた。日本には独裁政権と戦った彼を支持する支援者とファンも多く、日本の知識人たちの中にも彼を支持する人は少なくなかった。

ところで彼はこの日本滞在期間中に極めて重要な歴史的事件に巻き込まれた。前述の「金大中事件」である。この事件は日本国民の韓国政府に対する不信感と非難の声を呼び起こす一方、金大中に対してはシンパと支持の雰囲気を作り出した。金大中を支持することが韓国の軍事独裁に対する抵抗であり、民主化運動への支持であるかのように思われたのだろう。

金大中は大統領在任中に日本訪問、漁業協定締結、日本文化開放などを積極的に推進し、様々な具体的な成果を成し遂げる。ビザ免除協定の締結による交流の増加、韓国歌手の日本進出による韓流ブーム、日本の歌手・映画が韓国で初めて解禁されるなど両国は急接近しているかのように見えた。

しかし、２０１２年現在も日本音楽、ドラマが韓国の地上波で流れることはなく表面上の「日本文化開放」は停滞しているのが現状である。日本語歌詞の歌がＣＤで発売されてはいるが、それがラジオやテレビで放送されることはない。中国語の歌は１９８０年代から普通に放送されていたことを考えたら不思議な「開放」である。

ちなみにこの時期「完全開放」を果たしたものがあるとしたら、「倭色宗教」という理由で長年韓国で禁止されていた「創価学会」くらいである。

盧武鉉政権（２００３〜２００８）――低い支持率が生んだ悲劇

盧武鉉《ノムヒョン》は執権してから約1年後の２００４年7月21日「在任期間中（日本に対して）過去の歴史問題について言及しない」と宣言して世間を驚かせた。韓国大統領の「反日放棄宣言」に対して韓国内では批判の声もあったものの、過去を乗り越えて新しい関係を作ろうという意図は高く評価された。また彼の宣言に日本社会は驚きながらも彼の勇気ある宣言を歓迎した。

しかし、その決意は長く続かなかった。翌年の２００５年3月1日「3・1独立運動記念式典」で盧大統領は、時間の70％を費やしながら「戦後賠償」、「日本の反省」を求める異例の演説を行った。

これは明らかに自らの発言を覆す発言ではあったが、盧武鉉を敵対視する保守野党ハンナラ党ですら大統領の約束破りを問題視するどころかむしろ歓迎の声明を出した。盧武鉉が言うことなら何でも噛み付き、揚げ足を取っていた平素のハンナラ党の態度とはずいぶんと様子が違っていたが、与・野を問わず「日本」という共通の目標を前にしては同じ声しか出せない韓国の政治家の習性がよく表れた場面でもあった。

その時、盧武鉉はなぜ「反日声明」を発表したのか。彼の発言で注目すべき点は「時期」である。当時盧武鉉は相次ぐ失言騒動、それに混乱が続く国内状況のために急速に支持率が下がり、厳しい状況に追い込まれていた。

加えて彼が「反日声明」を出したのは、大規模な補欠選挙を1ヶ月後に控えた時期であった。これに対しアメリカの時事雑誌「TIME（アジア版）」は2005年4月18日版で「重要な選挙を前にして国内政治での人気回復のため反日感情を利用し、民族主義を刺激した」と冷たい評価を下したが、この分析は、あながち間違いとは言えないだろう。

「反日」という視点で考えた時、盧武鉉政権の時代にはもう一つ歴史的事件ともいえる出来事が起こっている。それは「過去を審判する」という美名の下で行われた「親日派処断運動」である。2005年、戦争が終わってから既に半世紀が過ぎ、日本統治期を記憶している人々の数も徐々に少なくなっているこの時期になって与党である「開かれたウリ党」が中心となって「親日派から相続した財産は国家に帰属すべきだ」という内容の「親日反民族行為者財産の国家帰属に関する特別法」を提案、正式に制定された。

韓国が独立してから60年以上経った2005年にいきなり、日本統治期の高位官僚、軍人、協力者、もしくはその子孫が所有している財産を国庫に帰属させることが可能になったのである。そして、これを契機に韓国内では再び「親日派論争」が起きた。

「親日派の子孫たち」は違法性を訴えたが、韓国の憲法裁判所は「親日派の財産還収は民族精気の回復と3・1独立運動の精神が含まれている憲法の理念を見る限り合法といえる」という判決を下した。この憲法裁判所の決定を多くの韓国人は歓迎したが、「国民の合意」の前では「事後法の禁止」、「遡及処罰の禁止」といった基本的な憲法の概念は何の意味も持たないという極めて危険な決定が下されたのである。

李明博政権（2008〜）――やはり最後は「反日」

李明博《イミョンバク》は1964年、日韓国交正常化に反対する反日デモ活動を主導し、逮捕されたという履歴の持ち主である。そんな彼が当選直後「（式典演説の度に）日本へ謝罪を求めることは止める」と表明した。それは未来志向の友好、協力関係を目指すという彼の決意表明であった。

李明博政権は、5年間の任期の中で3年目まで40〜50％代の高い支持率を誇っていた。ところが、4年目に入り親族の不正事件関与などが報道され、支持率が30％代まで下がると彼もまた「反日カード」を持ち出した。2011年の年末に訪日すると長い時間をかけ、野田総理に慰安婦問題の解決を促したのだ。

それでも支持率の低下は止まらず、２０１２年7月李明博の実兄が金融機関からの違法金銭授受容疑で逮捕されると支持率は就任後最低の17％を記録した。12月に大統領選挙を控えている与党、大統領としては危機的な状況に陥ったのである。

その時、日韓関係史が動いた。終戦記念日を5日後に控えた２０１２年8月10日、韓国大統領としては初めて竹島を電撃訪問し、両国を驚かせたのである。日本との外交関係を考えると李明博の竹島訪問はその象徴的な意味が大きい。韓国においては国民を喜ばせることにはなるかもしれないが、日本をあまりにも強く刺激する行動であり、歴代大統領も竹島訪問だけは遠慮していた。政府内にも反対の声があったというが、大統領自ら訪問を強く希望したという。


李明博の竹島訪問が日韓関係にもたらすものはあまりにも大きい。本論からは外れるがもう少し詳しく触れることにする。李大統領の行動について韓国内の反応は二つに分かれた。一つは「よくやった」と竹島訪問を歓迎する声、もう一つは「任期末の支持率回復と大統領選挙を意識したパフォーマンス」という指摘である。

もちろん称賛するのが多数派であり、多くの団体、政党が歓迎のコメントを発表した。ここで興味深い点は反日感情でいうと、韓国内のどの団体、誰よりも強いはずの韓国左派と野党が歓迎の意思をほとんど表明しなかったという事実である。

２０１０年、ロシアのドミトリー・メドヴェージェフ大統領がクリル諸島を訪問し日本を刺激した時は、「韓国の大統領も独島へ行くべきだ」と竹島訪問を求めていた第一野党が、今回は「なぜ外交問題を起こすのか」と大統領を責めたのだ。矛盾しているように見えるが理由は簡単である。野党側の反日は、日本が嫌いで起こす行動ではなく、反対派攻撃のための反日であるからだ。

つまり、自分たちが支持する大統領が竹島に行ったら褒めるが、嫌っている大統領が竹島に行ったら批判の対象になるのだ。これこそ私が竹島問題を「外交用」ではなく、「国内政治用」であると指摘する理由の一つである。

韓国の左派陣営は今まで李明博を「親日派」と批判してきた。しかし、竹島訪問で李明博が反日の最前線に立つと、一つの攻撃材料を失ったのだ。だとしても、今まで行ってきた「親日派攻勢」を諦めるわけにはいかない。でも、李大統領を褒めるわけにもいかない。だから、理屈の通らないおかしな主張となるのである。

李明博の竹島訪問がなぜ大きな問題なのか。それはその後遺症が一朝一夕に解決されるとはとうてい考えられないからだ。

２０１２年12月には韓国で大統領選挙が行われ、選出された大統領は２０１３年2月に就任する。与党と野党、左派と右派どちらが勝つかは誰にもわからない。しかし、確かなことは次期大統領にとって竹島訪問問題は日本との外交関係だけではなく、内政においても大きな負担として働くだろうという点だ。

誰が大統領になろうと、もし竹島を訪問しなかった場合は「李明博は行ったのになぜあなたは行けないのか」という批判が反対派から必ず出てくるだろう。実際、李大統領の竹島訪問直後に韓国マスコミは各候補者に「あなたが大統領になったら竹島へ行くか」という愚問を投げている。

竹島問題は韓国人の感情、つまり支持率に敏感に影響するため次期大統領も「竹島訪問」のプレッシャーを受けざるを得ない。反日をやめると宣言したら「親日派」と批判されるのと同様、もし次期大統領が「竹島に行かない」と宣言でもしたら、今は「なぜ日本を刺激して外交問題を起こすのか」と李明博を批判する人たちも、その宣言を歓迎することは絶対にしないだろう。

そうなると竹島は韓国大統領が訪問すべき「必須コース」として定着する恐れさえある。各国の大統領が戦没者、愛国者墓地に参拝するようにである。こういった点を踏まえて考えると、李明博の竹島訪問は一過性で終わるイベント、ショーではなく、今後も日韓関係を大きく揺るがす「時限爆弾」を仕掛けたようなものだ。そして、竹島訪問を止めるという宣言、つまり、その爆弾の「起爆装置」を除去しようとする人は「親日派」と批判される可能性が高いため、日韓の緊張状態は延々と続くしかない。

日本の朝鮮統治が残した「純粋な意味での」傷（反日感情）は時間の経過によって治癒されつつあるはずである。そして、戦争を経験した世代も少なくなり、子供の頃から日本の文化に馴染んで育った世代が多くなったことを考えると「反日」というキーワードは、本来であれば、そろそろ韓国社会から消えてもいい時期に来ているのではないだろうか。だが、韓国社会が行っている教育は傷口に塩を塗り続けるような行為である。それに飽き足らず、李明博は傷が永遠に治らないような魔法（竹島訪問）をかけたのだ。その魔法が誰に有利に働くかは次の章で触れることにしよう。

以上、簡単にではあるが韓国の現代史を振り返ってみると、韓国の歴代政権が体制維持、支持率の獲得、外交の手段として「反日」というカードを繰り返し利用してきたことがわかる。

国内の混乱と不満を抑えるため国外へ国民の目をそむけさせることは歴史上多くの国が使ってきた方法であり、現在も世界の色々な国が使っている常套手段でもある。韓国の場合、日本に35年間支配された過去の「傷」があるため、「日本」が利用しやすい素材であることは否めない。とはいえ、1980年以後強まった反日感情は日本統治期を経験した人々ではなく、未経験者たちにより提起されたのがほとんどである。即ちもはや現代韓国の「反日感情」の原因は、「過去」の辛い記憶にあると明言することは出来なくなっているのである。

現在、日韓関係において、韓国の「反日」意識が、日本の「嫌韓」感情を生み出す一因になっていることは紛れもない事実であろう。「戦後の歴史」の中で生み出された「反日感情」が、現在と未来において日韓の友好関係の妨げとなっているのである。

歴代大統領の姿を一瞥しただけでも、「反日感情」は終戦後の韓国社会が新しく生産しているものではないかという仮説にある程度可能性を見出してもらえるのではないだろうか。しかしこれはまだ序章にすぎない。新しく反日を作り出す者は誰で、その目的は何か。

次章で紹介するのは、一人歩きを始めた「反日システム」が、新たな道を見つけ出し、様々に運用されるようになった実例である。現代の「反日システム」の運用主体は一人ではない。

※1：『日韓交流スクランブル』小針進／大修館書店／2008

第4章　反日で得をする人々

前章で述べたように韓国の歴代政権は自分たちの目的のために国家のレベルで反日教育、宣伝を行ってきた。この結果「国家レベル」の反日の土台が固まり、それを利用しようとする「民間レベル」の反日が現れたのは1990年頃のことである。「反日」というテーマが韓国社会で力を発揮する妙薬であることに気づいてしまったのだ。

その主体は商売人、政治家、市民団体、研究者から北朝鮮までと幅広い。しかし国家レベルの、国が望む価値観と常識を国民に植えつけようとする「洗脳」まがいの反日に比べて、民間レベルの反日はその目標がより具体的で、現実味がある。国家観、歴史観などではなく何かの「利益」を目指して動いているからである。反日で彼らが得られる「利益」とはどのようなものだろうか。

商売人

「独島」の裏に隠れている「商売術」

韓国では「〇〇イベント」というのが流行っている。企業はマーケティングの手段として「イベント」を実施し、商品の広報、顧客の管理などを行う。特定の要件に達した人、クイズなどの応募に当選した人に商品をプレゼントするとか、割引などの特典を与えたりする。

これは「ファンサービス」ともいえるが、多くの場合、利益目的の「手段」の一つに過ぎない。企業の商品の消費、もしくは広告効果を狙って行われる。

ところで、2002年から韓国で急に登場したイベントがある。それは「独島イベント」という名の愛国主義を前面に打ち出したイベントだ。そこで使われる素材はもちろん「独島（竹島）」と「日本」で、それは金融、IT、製造、通信など広い分野にわたり行われた。

まず、通信関連。大手携帯通信会社KTは竹島に自社のWi-Fi環境を整えた。これを宣伝しながら、世界的なSNSサイトFacebookに独島広報の広告を載せるための募金を一口1000ウォンとして募り、募金に応じた人の中から抽選で20人の竹島訪問費用を負担するというキャンペーンを行った。また、携帯料金の一部を竹島広報活動を行う民間団体へ支援する「独島料金プラン」を新しく設けるなど多彩なイベントを行っている。

製造業では起亜自動車が会社を代表する車種「プライド（pride）」の新しいモデルを発表する際、事前予約を申し込んだ人から抽選で竹島観光旅費100万ウォンを贈呈、数百人に商品券と商品をプレゼントするイベントを行った。

金融業では大邱《テグ》銀行がいち早く「サイバー独島支店」という仮想支店を設立し、独島支店で口座を開設した人には金利と手数料で優遇するイベントを実施、30万人以上を誘致する快挙を達成した。

独島イベントがもっとも盛況を呈している分野はオンラインゲームである。ロール・プレイングゲーム（RPG）内で独島に訪れたり、独島を占領したりするとゲーム内のアイテム、もしくはサイバーマネーをプレゼントするといったイベントが行われる。これは、特に日本との間に外交摩擦、領土、歴史問題等の外交トラブルが起きると必ずといっていいほど登場する。
最後に、ある弁当販売会社の商品を紹介しよう。２０１１年「独島弁当」という名の弁当が発表された。ナショナリズムが食べ物の領域まで広がったのである。しかし、「独島弁当」の中を飾っていたのは「沢庵」「海老フライ」「豚カツ」と、大半を占めていたのは日本由来のおかずであった。ただ韓国人が喜ぶおかずを選んだだけだったのだろうが、「独島弁当」は独島を利用する商売術の滑稽さを物語るには充分だった。

２００２年までは皆無に近かった「独島イベント」が今ではすっかりお馴染みの風景といえるほどに増加したのはなぜだろうか。それは、「いい稼ぎ」になることに気づいたからである。実際、愛国心に訴えた「独島イベント」[※1]が売上高の増加に繋がったとの報道もあった。「愛国心を商業的に利用している」との批判があったとしても、売上の面で効果がある以上、企業は「独島イベント」を止められないのである。

これらのイベントは「独島」を利用した商売テクニックともいえる。韓国社会は「独島」に関連することであれば、冷静さを失うからである。例えば、２００５年「独島警備隊が使っているレーダーが２台とも日本製だ」と新聞に報道されたのを受け、正常に動いている日本製レーダーを撤去し２００５年と２００９年の２回に分けて韓国産レーダーに切り替えたことがある。これは正にその代表的な例といえよう。

私には「愛国心」と「民族意識」という精神的な満足のため、余計な予算を使い、国民の血税を無駄にした愚かな行動にしか見えなかったが、韓国のマスコミは「税金の無駄使い」を責めるどころか、「これでやっと韓国製の機材で独島を守れる」と、感慨深げに報道するのみだった。

余談になるが、この「韓国産レーダー」は何度も故障を起こし、２００９年北朝鮮のミサイル発射時にはそれを認知さえできなかったのであるが、もちろんそれが大きく報じられることはなかった。


韓国では「独島イベント」のように「反日」、「国産」、「民族」、「優越性」などを誇張する商法を「愛国マーケティング」と呼ぶ。愛国マーケティングでは製品とサービスの「質」より、「韓国人」、「大韓民国」、「わが民族」を強調するのが特徴である。たとえば、テレビで「国産」を強調するあるバッテリー会社の広告を見ると、製品の特徴、長所などの「情報」には触れられないままに「韓国人は韓国のバッテリーを！」というキャッチコピーだけが流れる。他社製品との差異が知りたい消費者から見ると不親切極まりない広告であるのだが、このようなマーケティングが成果を上げている限り会社としては正しい戦略といえるだろう。

ところで、このようなマーケティング術は韓国内でしか通用しないため、海外で使われることはない。韓国企業が海外で広告に好んで使うのは「寿司」（サムスン電子の半導体広告）、「相撲」（ヒュンダイ自動車の車広告）、「sake」（米国で販売されているある韓国産マッコリの英語表記）といったモノである。

韓国内では「愛国心」に頼るが、海外では「日本のイメージ」に頼る韓国企業の商売術には脱帽である。

日本に対する韓国人が持つ「敵意（animosity）」は日本製商品を購入する際、障害要因として作用する一方、「自民族中心主義[※2]（ethnocentrism）」による韓国製品の購入にも影響しているとの調査結果が出ている。調査結果によると、歴史教科書問題、竹島問題、靖国参拝問題などでおきた反日の雰囲気は韓国内での日本商品の急激な販売減少の主な原因になるのと同時に、自民族中心主義により日本以外の諸外国の商品の購入にも悪い影響を与えるという。

韓国の企業としてはこんなにオイシイ話はない。特に日本企業と競争している分野、企業にとって反日騒ぎはチャンスである。それに広告主である企業の顔色を窺うしかないマスコミまで騒ぎに「協力」すれば、「愛国マーケティング」のシステムはもっと完成度を上げるだろう。

市民団体

ある日「市民団体」の関係者と名乗る訪問者が、老人に尋ねる。「もしかして日本統治期に日本へ徴用か徴兵で行ったことがありますか」老人は「ある」と答える。市民団体の関係者は満足気に頷き、続ける。日本政府を相手に訴訟を起こしたら賠償金をもらえます、と。「会費9万ウォン」を納付したらすべての手続きを彼らの団体で代わりに行うという。それで、2500万ウォンをもらえるようになると。老人はちょっと怪しいと思う。しかし、市民団体が見せる新聞やTVの資料を見るともらえそうな気もする。老人は「もしかしたら」という気持ちで、宝くじでも買うような気持ちで、半信半疑ながら9万ウォンを「投資」することにする。もし2500万ウォンをもらえるなら迷う必要はない。万が一もらえなかったとしても9万ウォンは大金というほどではない。結局、老人は金を渡し、受け取った市民団体の関係者は帰る。

「詐欺」ではないかと疑う気持ちが無いわけでもなかったが、数日後にTVと新聞に先日来訪した市民団体の関係者と団体の名前が報じられているのを見て安心する。マスコミに出るくらいの団体なら、何となく安心だ。

時は経ち1年後。市民団体の関係者は再び現れ「年会費」を請求する。弁護士を選任したというし、活動費もかかるだろうから彼らにも経費が必要なのだろう。少し前、日本の偉い政治家が「アジアの戦争被害者たちに補償をしなければならない」と発言していた。これも大きな進展といえるのではないだろうか? おそらく来年にはいい報告が聞けるだろう。こう考え、財布の紐を解き、集めていた小遣いの中から年会費を支払う。大金というほどではない。しばらくすると新聞紙上には再び関係者たちの名前と日本大使館前で抗議活動を行ったとのニュースが載る。やはり、頑張ってくれている。しかし、相変わらず朗報は聞こえて来ない。時間だけを引き延ばしている日本側が憎い。

以上は韓国のニュースで度々取り上げられる「市民団体」とその会員とのやり取りを再構成してみた

ものである。このようなやり取りがなぜ「ニュース」になるのか。その詳しい内容を見てみよう。

被害者支援団体の求めるもの

韓国には日本の朝鮮統治や太平洋戦争と関連する市民団体が数多く存在する。類似した名前と目標を持つ団体もかなり多く、一般市民の目には区別がつかないほどである。「日帝強制連行韓国生存者協会」、「太平洋戦争犠牲者遺族会」、「対日抗争期被害犠牲者全国連合会」、「第2次大戦韓国人犠牲者権益問題研究所」、「全国日帝被害者連合会」などがその例である。

諸団体の共通点は「日本」「被害」「犠牲」という言葉を使い、常に何かを「求める」ことである。彼らは何を要求するのか。彼らが要求してきたものは、謝罪、賠償、補償、子孫への奨学金支給、無住宅被害者のためのマンション提供などである。

被害者支援団体の裏側

要求の根拠とされるのは被害者らの「体験談」だが、問題はその体験談の内容である。被害者を名乗る人たちの証言を検証してみると多くの「穴」が見付かる。朝鮮から汽車に乗って台湾へ行ったとか、1937年シンガポールで慰安婦生活をした（日本軍がシンガポールを占領したのは1942年）などの矛盾が出てくるのである。しかし、そういった矛盾は通常検証されることなく団体に受け入れられ、団体の「教育」によって修正されていくケースがあると聞く。

「市民団体の紹介で徴用被害者に会い、インタビューをしたところ矛盾した証言が多くみとめられた。時間が経ってから2回目のインタビューのため同じ人を訪ねたら、その被害者は私たちの質問に対し返答するのではなく、用意されていた原稿を読んでいた」というのは日本の強制連行を専門にするある研究者の証言である。

この市民団体にとって、老人たちの証言が真実なのか、嘘なのか、そこには最初から興味などなく、どうでもいいことだったのかもしれない。彼らにとって必要だったのは、「会費」を払い、「もっともらしい体験談」を語ることのできる老人の頭数だったのではないだろうか。

また、上記の研究者の話によると「市民団体に連絡をして被害者とインタビューができるかを確認し、約束の場所に行った。インタビューが終わっても市民団体が紹介してくれた面接者が帰らずうろうろしていたのでその理由を聞いたら、証言をするとお金をもらえると（市民団体の人に）聞いてやってきた、というので絶句したことがある」という。このような事実を踏まえると、被害者たちの目的もまた純粋な「謝罪」であるとは言い切れないようだ。

2005年3月、「日本統治期に行われた強制動員に対する賠償金をもらえる」と全国から687人を集め、会費名目で合計1億5000万ウォンを騙し取った市民団体が警察に捕まった。典型的な「賠償金詐欺」の一つで、判断能力が落ちている老人たちを相手に金を騙し取る汚い手口である。しかし、警察の調べで驚くべき事実が明らかになった。それは、強制動員被害者であると名乗り会費を納めていた人の80％は徴用の経験のない「偽被害者」だったことである。
「強制動員被害者」として会費を納めた「偽被害者」たちも、お金をもらうためならば「教育」を受け、「被害者」の役割を演じることに躊躇はなかったのだろう。騙した方も、全員ではないにしろ騙された方にも、「真実」は重要な問題ではなかったのだ。

活かされる「マルチ商法」の経験

前述した2005年の詐欺事件をもう少し詳しくみてみよう。報道によると主犯の高某氏は「第2次大戦韓国人犠牲者権益問題研究所」という社団法人を設立したが、彼は4年前の2001年頃まで「アジア太平洋戦争犠牲者遺族会」という市民団体で働いていた経験を持つ人物だ。そこで働いた時に身につけた「経験」を活かし、独立して新しい「市民団体」を作ったのである。

高某氏はこの「ビジネス」のため、二人の「経験者」をスカウトした。二人の「経験者」は共にマルチ商法の会社で働いた経験を持つ人物で、主犯格の高某氏はこの二人に「被害者を集めれば1人当たり各2～4万ウォンずつの手当を支払う」との条件を提示したという。

ところで、このような詐欺事件が起こることの責任の一端は韓国政府とマスコミにもあるといえる。賠償問題は両国政府の間で決着がついた問題だが、それをはっきり国民に伝えてこなかったからである。この事件を伝える記事にははっきり書かれている。「犠牲者遺族会が1991年日本の裁判所に訴えた訴訟は2001年～2004年にわたり最高裁判所まで上告したものの裁判ですべて敗訴し、補償金はもらえない状況であった」と。もし正確な情報をもっと早く伝えていたのなら、このような単純な詐欺に巻き込まれる老人の数はもっと少なかったはずである。

さらにいえば、韓国シンパの日本政治家にも責任はある。彼らは無責任に「補償」、「誠意を尽くす」などの発言をする。その度に韓国の詐欺師たちは「今回の日本政治家の発言を聞いたか」と老人たちに騙りかけるのである。

例えば、鳩山由紀夫は野党の代表だった2002年「国はいまだにその責任を認めるとか認めないとか言っているが、被害者の人たちに補償をし、名誉を回復していくのは当然のこと」という内容の発言をしたこともあるが、このような「補償」という言葉は韓国の市民団体により老人たちを騙す「材料」として使われる。[※4]

地方テレビ局であるKBS浦項が2011年3月1日に放送したニュースを見ると、市民団体がどのように老人たちを説得しているのかが分かる。次は市民団体関係者の話。

> 「日本の官僚が個人補償も可能である（と話した）ニュース見ましたか？　日本の菅総理とかその前の鳩山総理とか、このような方々が（被害者）個々人に…」

彼らは「この間日本のある政治家が、個人補償が可能だと話した」と老人たちを誘う。韓国シンパの日本の政治家が出した曖昧な発言が逆に「被害」を呼ぶ一因になるのである。もし、日本の政治家や韓国政府が「正確な」説明をしてくれていたら、このような被害は起きなかったのではないだろうか。

後を絶たない市民団体不正、横領疑惑

2011年には韓国でも大きな規模の団体に入る「太平洋戦争犠牲者遺族会」のY会長が常習詐欺の容疑で警察の取調べを受けた。警察の発表によるとこの団体は「日本政府を相手に訴訟を起こし、報償金2000万ウォンをもらえるようにしてやる」と会員を集め、会員登録費用と弁護士費用名目で合計約15億ウォンを騙し取った容疑だったが、この件の容疑者は39人にものぼっていた。

これは会費の使途をめぐって起きた「内紛」が拡大化し、警察への告発にまで至った事件である。Y会長は無罪を主張し続け、結局、逮捕には至らなかった。しかし、警察の捜査結果に満足のできなかった一部の幹部はY会長の元から離反、別の市民団体として活動を始めた。

市民団体がお金を集める方法は二つである。まず、徴用・徴兵経験者から受け取る「会費」である。上記のY会長もマスコミのインタビューで「会費をほとんどもらわず活動しているため財政状況が厳しい」と明かしていたが、Y会長本人が横領の疑いで会員たちに訴えられた時、Y会長を訴えた会員たちはホームページで「遺族会のホームページは、会員たちに納めさせた会費で作られた」と会費の存在や

団体が会費で運営されていることを明らかにしている。

もう一つは一般市民からの「募金」である。ほとんどの市民団体は募金への協力を呼びかけ、ホームページで振込用の口座番号を載せているが、このような募金が力を発揮するためにはやはりマスコミへの露出が不可欠であろう。何かの話題を作りマスコミに登場すればするほど募金額も膨れ上がるからだ。

問題は、多くの市民団体がその会計資料、領収証などを公開しないことである。実際、前述の団体も、団体の運営するホームページの掲示版に「会費の内訳を公開する方法」についての問い合わせがされていたが、それに対する運営側の返事は、「お金が不足している」という的外れな回答のみであった。

さらに、2008年「世界日報」が代表的な市民団体25団体を対象に調べた結果、収入と支出をインターネット上で公開しているのは6団体に過ぎなかったという。記事によるとどこに、いくらが使われたかを把握することすら難しい、いい加減な会計が行われていたというのだ。

市民団体が信頼を受け、彼らの声が説得力を持つためには誰もが納得できる会計資料が必要であろう。

すべての市民団体が怪しいわけではない。しかし、韓国社会には反日市民団体に倫理、道徳上の問題が浮上したら、それは反日運動の「傷」と「恥」になり、日本から嘲笑されるに違いないという思い込みがある。それゆえに、韓国社会は反日市民団体に対する検証と批判には消極的なのである。その結果、反日を標榜する似非の「市民団体」が乱立する。しかし、お金を取られる被害者が続出している中、関連団体の取り締まりを厳しくしないことは被害者だけを量産する結果になるのではないだろうか。

多くの市民団体は「会費」などは受け取っていないので財政状態が苦しいと政府や国民の関心と支援を訴えている。しかし、会費がない団体はどれくらいあるだろうか。例えば、市民団体「対日抗争期犠牲者会」が代理訴訟を行う場合は受任料3万ウォン、年会費2万ウォンを受け取っており、初回はこれ以外に、会員になるための入会金4万ウォンも必要だ。地方テレビ局であるKBS浦項が2011年3月1日に放送したニュースで報じたある市民団体の場合、全国で10万人もの会員を集め、1人当たり9万ウォンの会費を払わせていた。90億ウォンにおよぶ大金が会費で集まったことになる。

多くの場合、団体はここで弁護士費用と訴訟費用だけを払えば、すべての責任が終わる。しかし日本の地方裁判所で負けたとしても、高等裁判所、最高裁判所まで無理矢理持っていく場合もある。裁判が長引けば長引くほど、団体は追加で年会費を獲得することが可能になるからだ。敗訴で終わった場合に残った会費をどう使うかについても明示されていない場合も多い。

もし、最高裁判所で負けたとしても、その時はすべての憎しみと責任は日本側に向けられるだろう。個人補償も可能と日本の総理（野党時代の鳩山）が話したのに、なぜ裁判所はそれを守らないのかと、食言をした政治家と非情の判決を下した裁判所を憎んで終わるしかないのだ。

しかし、被害者たちも早く気づくべきではなかろうか。日本政府からもらえる個人補償はないこと、そして時間を長引くほど増えるのは「年会費」だけであることに。

徴用・徴兵経験者たちとその遺族

韓国政府が徴兵、徴用経験者に支給する「慰労金」の存在

韓国政府は日本統治期の徴用、徴兵被害者に対して日本政府が対応すべきだと主張するが、日本政府は1965年の日韓会談と韓国側に渡した8億ドル（無償3億ドル、有償2億ドル、民間借款3億ドル）の支援金で責任は終わり、個人に対する補償は韓国政府の責任だと主張する。

1965年以後、日本側で支援団体や機構を作って韓国の被害者たちに補償を行った例はあるが、それは「人道的な面での支援」であって、国家としての「義務」や「責任」を果たすという意味において行われたものではない。

21世紀に入り韓国政府は日本統治期に徴用、徴兵された人たちに「慰労金」の名目で事実上の「補償」を開始した。これは被害者本人のみならず、被害者が死亡している場合は被害者の親戚、子孫も補償金もしくは慰労金を申請できる制度だ。

ここで国務総理室傘下「対日抗争期強制動員被害調査および国外強制動員犠牲者支援委員会」が告知している内容（下図）を見てみると1938～

対象	1938年4月1日～1945年8月15日の間に日本により軍人、軍属、労務者として動員され、その期間中もしくは帰国する途中で死亡、行方不明、負傷の被害にあった人、またその遺族
金額	死亡2千万ウォン、負傷3百～2千万ウォン
遺族の範囲	①配偶者および子女 ②親　③孫 ④兄弟（甥を除く）

対日抗争期強制動員被害調査および
国外強制動員犠牲者支援委員会の慰労金支給基準

1945年の間軍人、軍属もしくは労務者として海外へ「動員」された人の中で死亡、もしくは怪我をした人は韓国政府へ「慰労金」を請求できるようになっている。

この基準についてもいくつかの疑問が湧いてくる。日本軍へ入隊した人すべてを「日本の強制」による被害者であるかのように説明する韓国政府の意図が見えてくるのだが、どうにも強引すぎるのだ。

朝鮮人を対象にする国民徴用令が適用された1944年以前に動員された「志願兵」が含まれている点を考えてみたい。以下は韓国の雑誌に紹介された朝鮮人志願兵に対する記述である。

> 1940年2月、日本軍は朝鮮で「朝鮮特別志願兵」を公募した。志願兵は職業軍人のようなもの。この制度は1938年に始まったが志願して日本軍になる点が強制徴兵と違った。小学校卒業以上の学歴なら誰でも志願可能で、毎年数百人の朝鮮人がこの制度を通して日本軍人になった。1940年2月には募集定員3000人に対し、なんと8万4000人の朝鮮人が志願兵に志望した。
>
> (「月刊新東亜」2004年9月号)

記事によれば、1940年の場合3000人募集に対し、8万4000人が志願したとしている。ここで採用された3000人は、果たして「強制動員」といえるのだろうか。8万人以上の不合格者、すなわち希望しても日本軍人になれなかった人々の存在をどう説明しようというのか。戦没者は「戦争被害者」ではあるかもしれないが、1940年に28：1の倍率をくぐりぬけ採用された3000人の朝鮮人兵士を「強制動員被害者」と見ることには違和感を覚える。

おそらく韓国政府としては1938年の志願者も「強制動員」にしたかったのだろう。多くの韓国人が志願して日本軍に入隊したことは認めたくない事実だし、戦争被害を訴える韓国側の都合も悪くなるからだ。

そして、難関を突破して志願兵に合格した人の子孫も「志願」ではなく、「強制動員」されたと主張するだろう。なぜなら「慰労金」は強制動員された人の子孫に支給されるものだからだ。やはり日本は「強制」した存在でなければならない。

1973年に「弟」となった他人が、1945年に失踪した「兄」の慰労金を受け取る

本当の被害者でありながらも、生前にもらうべき補償をもらえなかった人に遺族がいるなら代わりに補償金を与えても良いだろう。しかし、何の血の繋がりもない人でも「養子」もしくは「義兄弟」になることで、お金をもらえるという判例が存在する。これが果たして正当な判断だろうか。こうなると金目当ての「養子」や「義兄弟」が現れるかもしれない。韓国政府にそれを防ぐ対策はあるのだろうか。

日本統治期の経験者たちが亡くなっても、その子孫たちに「市民団体」は近づく。子孫も補償金を申請できると。実際、ある子孫たちが韓国政府から補償金や慰労金を受領したとのニュース、受領できる

ようになるとの報道に多くの人々は期待を寄せる。

2011年4月5日韓国のある新聞に徴用被害者[※5]に対して韓国政府が「慰労金」名目で支給する金を「弟」が代わりに受領できるようになったとの記事が載った。記事によるとN氏は自分の「兄」が1944年日本により軍人として動員されたまま行方不明になったと韓国政府に遺族慰労金を申請した。しかし、韓国政府は申請者が、「兄」が行方不明になってから約30年後の1973年、行方不明になった兵士（兄）の親と養子関係を結ぶことにより、「兄」の「死後」に兄弟関係になった人物であることを理由に支払いを拒否してきたという。地方裁判所、高等裁判所共に「死後に兄弟関係になった人が、犠牲者の死亡による苦痛を経験したとは考えられない」という理由で棄却したのだ。

しかし、これが最高裁判所へ行ってひっくり返った。戦没者と血のつながりがない人でも「遺族」と認められ、「受領者」になり得るとの判決が出たのだ。こうなると、数千、数万の新たな「遺族」、「受領者」が発生しかねないと思うのだがこの判決に問題はないのだろうか。


また、国務総理室傘下「対日抗争期強制動員被害調査および国外強制動員犠牲者支援委員会」のホームページの「よくある質問（FAQ）」には「強制動員の事実を証明できる書類、記録がない場合の申請方法」が書いてある。「隣友保証書」を添付すればできるという。「隣友保証書」とは家族以外の人が被害内容を具体的に記した陳述書である。つまり、近所の人が「文書」で強制動員事実を保証さえすれば、慰労金を申請できるということだ。

これと同じケースの詐欺事件は既に問題になったことがある。１９８０年に起きた光州事件（韓国軍警とデモ隊が衝突し１００人以上が死亡した事件）の被害者を名乗る人の中に「隣友保証書」を悪用し、何千万ウォンもの補償金を受け取った事例が何件も摘発されたのである。しかし、これはごく一部の例に過ぎない可能性が高い。実際に隣友保証書を悪用した人がどれくらいいるのかは把握されていない。

日本統治期の強制動員被害者の申告を受け付けた結果、被害届を出した全18万５５２４件の中から被害者として認められたのは18万３５８３件。申請者の98・９％が慰労金を受け取れる被害者として認定されたという。

その中で「隣友保証書」を持って被害者として認められた件数がどれくらいかはわからないが、前述した市民団体による詐欺事件で80％が嘘の被害者だったことを思えば不信を感じるような高い割合だと思うのは、私の邪推だろうか。

ところで、徴用・徴兵経験者と遺族は、それが「志願」によるものだったとしても公の場ではそれをいわない。「日本による動員」もしくは「強制動員」と表現せざるを得ないのだ。

「採用者[※6]（徴用者）たちは歓喜に溢れ、船内では全員歌舞に耽って、元気旺盛そのものであり、手稲鉱業所への就業後も、休祭日は自由に札幌市内に繰り出し、ショッピングはもとより銭函湾での船遊びまで楽しんだ」というのは１９３９年に徴用された人の証言であるが、このような証言をしたばっかりに「慰労金」を支給しないなどと言われようものなら大変なことになる。「慰労金」を受給するためにも自分たちは被害者であり続けなければならない。

政治家

韓国の政治家ほど「反日」を積極的に利用してきた集団は他にいない。彼らが反日を利用したのは歴史を評価するためではない。だからといって自分の直接的な利益のためでもない。彼らは政敵を攻撃するため反日を利用する。韓国の国民が「親日派」に対して大きな反感を持っていることを利用し、反対派や選挙において競争相手の親日前歴を問題視するのである。

現在、韓国の政治家たちはほとんどが戦後生まれである。しかし、韓国の親日攻撃には賞味期限がない。相手を攻撃するためであれば、相手の父、祖父の代まで問題視するのである。

国会議員選挙、大統領選挙が近づいたら必ずといっていいほど現れるのが先祖の過去を洗い出して相手を攻撃するやり方である。2011年のソウル市長選挙でも、2012年の国会議員選挙でも、2012年の大統領選挙を前にした現在も、先祖が日本統治期に官僚、警察、軍人だったことを持ち出して攻撃している。

日本人から見ると、60年以上前の話を持ち出したところで、そこまで気にしないのではないかと思うかもしれない。しかし、これが韓国では効果を上げる。だから、それを利用する勢力が後を絶たないのである。

北朝鮮

北朝鮮と韓国は休戦中とはいえ今なお戦時下にある。そんな両国にイデオロギーの共有など許されるわけもない。しかし、現在韓国で起きている反日は北朝鮮と密接な関連がある。北朝鮮が韓国の反日感情を扇動する場合もあるし、不思議なことに北朝鮮と同じ声を出す韓国内の勢力も増えているのである。北朝鮮が韓国の反日感情を扇動することの根拠は自首した北朝鮮のスパイの証言からも確認できる。

1974年韓国側に自首した北朝鮮のスパイ曺讃煥《ジョチャンファン》の陳述である。彼は韓国情報機関に自首し、北朝鮮で受けてきた教育内容とその手口を暴露した。

北朝鮮はそれまで「反米」を揚げた韓国の反政府運動を煽ってきたが、「反米」が韓国内で支持を得られなくなったために方向を転換し、反日感情を煽り、日本と韓国を離反させるための工作を行っているという内容だった。そして、その具体的な方法として「日本人への襲撃」と「日本人の売春観光、日本政治家の妄言、韓国に進出した日本企業に対する批判」などを挙げた。民族感情を刺激し日本に対する悪い世論を作る手口であるが、それは、現在の韓国でもなお頻繁に行われている「反日運動」のやり方、まさにそのものである。

例えば、独島守護運動を行ってきた活動家が日本大使に石を投げつけた事件（2010年）、徴用被害者を名乗る人たちが韓国内で日本企業の撤退を求めたデモ（2012年）、「売春も韓流特需―（日本人）

キセン観光が蔓延る」というタイトルのテレビ番組[※3]（2012年）などがそれである。

ちなみに上記のような反日行動に出る団体の多くは韓国で「左派」と分類される場合が多い。「民族」と「統一」を前面に出し、北朝鮮との交流、協力を主張する団体がほとんどである。

韓国と日本の左派

1965年に開かれた「日韓会談」は日韓両国の関係回復のための会議だった。しかし、それは政府同士の表面的な関係回復に過ぎず、民間レベルでは逆に関係が悪化した面も少なくない。なぜなら、両国の関係回復を邪魔した勢力がいたからだ。それは、北朝鮮、そして日本と韓国の左派勢力である。

冷戦の真っ最中であった1965年の日韓会談は北朝鮮にとっては脅威そのものだった。日本と韓国には米軍が駐屯しており、両国の国交正常化は日米韓の軍事的同盟を意味したからだ。若き時代の金《キム》正日《ジョンイル》が1965年1月「[※7]1965年は日韓会談を阻止、破綻させるため全民族の闘争の年にすべき」と語ったことからも北朝鮮が日韓会談をどれだけ警戒していたかうかがえる。

韓国の左派学生運動勢力、日本の朝鮮総連、日本の左派グループは激しく日韓会談反対運動を展開した。彼らが共通してとった行動は戦時中に日本がどれだけ悪いことをしたかを強調することだった。

そして、「日韓会談は韓国の朴正熙政権が日本と手を組んで韓国を再び植民地化するために進めるものだ」と断じた上で、国交が樹立すると過去に経験した悲劇が再び起きると宣伝した。現在の常識で考えてみたら強引な論理展開のように見えるが当時はこのような主張が広く受け入れられ、それに共感する日韓両国民も少なくなかった。

当時、「再び日本の植民地になってはいけない」ことを強調するため、何でも日本を悪く、日本と手を組む人を悪く語ることが多かった。そして、それは現在まで深刻な悪影響をもたらした。そのときに誇張され、語られた話が一人歩きして都市伝説のようになったケースが少なくないからだ。

現在も、韓国の左派勢力は強い反日性向を持っている。そして、彼らは過去の左派たちと同じく過去に日本がどれだけ悪いことをしたか強調する。国交樹立から既に50年以上が経ったにもかかわらずである。それは日本を嫌っているからではない。彼らが反日の姿勢を崩さないのは、それが日本と韓国政府を批判する材料、そして消極的な韓国政府を圧迫する材料として使えるからだ。

学者、研究家、活動家

回らないと倒れてしまう「独楽」

独島、慰安婦、戦争被害者と関連がある研究所、市民団体、官庁、などについて考えてみよう。これらの問題について韓国も日本もすでに膨大な量の調査、資料収集を行ってきた。新しい資料の発見がないわけではないが、報道される内容、発表される論文などを見ると重複、類似しているものが少なくない。しかし、これまでの活動の成果である研究施設、団体、部署、予算を縮小するわけにはいかない。それを業とする人が多いからだ。

関連研究所の閉鎖、研究費の削減を防ぐためにはどうすればいいのだろうか。当然、新事実を見つけ出すか、世間の関心を引く発表を続けるしかない。逆に言えば、日本と平和で友好的な関係が続くか、独島問題、慰安婦問題にどういう形であれ、完全に決着がついたら彼らはやることがなくなるのである。

それは独島と東海を海外へ広報してきた活動家、日本と紛争が起きる度にコメンテーターとして登場する専門家、独島（竹島）というアイコンを利用し商売をしてきた人々にとっては、絶体絶命の危機である。

韓国の大学の中には「独島学科」という学科まで設立されている。韓国福祉サイバー大学[※8]は2012年から「独島学科」を開設、運営すると発表した。この学科の設立目的は「独島の領土主権問題に関する国民教育指導者および非政府機構の実務を行う人材の養成」[※9]だという。また独島学科の設立は国庫補助金で行われている。人間が住めない小さな無人島のために学科が設立されたことは異例である。

ここで考えてみよう。この学科が廃止されずに維持されるためには何が前提条件なのかを。日本との紛争が永遠に続くのが必要条件である。平和が訪れたら、武器会社の仕事がなくなるのと同じだ。日本との独島関連紛争が無くなったら、この学科の存在意義自体がなくなってしまう。それを考えるとこの学科の出身者が量産する研究成果と活動がどのような性格を持つかを想像するのは難しくないだろう。

韓国には「独島教育士」「独島文化解説士」という資格検定もあるが、このような制度、検定ビジネスも同じだ。これからも続けていくためには、今までの主張、論争を繰り返すしかない。そのために必要なものは何だろう。「日本の挑発」と「韓国社会の怒り」ではなかろうか。彼らにとっては彼ら自身の日本に対する感情はどうでもいいことだ。彼らの心の中に「反日感情」がなくても、彼らは「反日」を行うしかないシステムになってしまったのである。

反日を「業績」として利用する人々

日本を敵として設定し、それを批判することは韓国内での売名のためにはとても有効な手段である。韓国のマスコミは、その内容が正しいか、正しくないかは置いといて、とりあえず報道する傾向があり、一方で、それに疑問を持ち、自分の目で確かめようとする読者、視聴者は少ない。

その影響で嘘、間違いが紛れ込んだ報道が溢れている。なぜか日本関連ニュースだけに高い関心を示す韓国社会にも問題があるが、それを利用し刺激的なニュースを繰り返して量産する韓国マスコミの責任と罪も少なくない。

2010年から慧門《ヘムン》という僧侶がマスコミに登場し始めた。慧門は「朝鮮のキセン、明月《ミュンウォリ》の生殖器が国立科学捜査研究院（以下、国科捜）に保管されている」と主張し、一躍注目を浴びた。「キセン」とは宴会などで踊り、楽器演奏などを披露する日本の芸者のような存在だ。そして「明月」は日本統治期京城（現ソウル）の鍾路にあった明月館という店にいたとされるキセンである。しかし活動期間、年齢、などの正確な身元は確認されておらず、明月という人物の存在そのものが単なる噂に過ぎない可能性も高い。

慧門の主張によると国科捜には古くから女性生殖器の標本が保管されているが、それは日本統治期に日本人に弄ばれたキセン「明月」のものだという。そして、彼女の霊を慰めるためにもその標本を廃棄すべきだと主張したのだ。

彼は国科捜を相手に訴訟まで起こしたが、国科捜は難色を示した。確かに保管している女性生殖器の標本はあるが、それが誰の物で、いつ、どういう目的と経緯で保管されているのか、記録がなかったからである。実際、国科捜へ問い合わせてみたところ、標本に関する記録は皆無で、慧門が起こした行動の根拠は「噂」に過ぎなかった。しかし、慧門は「都市伝説」を基にそれを「日本の蛮行」と決め付け、日本を非難しながら廃棄を求めた。関連ニュースは50件以上インターネットに掲載され、ネット上の掲示板でも廃棄すべきだという世論が高まった。

結局、国科捜は自主的に標本を廃棄することにしたが、単なる「噂」を根拠に、国家機関を相手に訴訟まで起こして、最後には「愛国者」と拍手まで送られたことには違和感を覚える。これは単なる「反日感情」を利用した「業績作り」ではないか。

ちなみにこの人物は「民族主義」と「日本」を持って話題を作り出すことを得意としている。「韓国の英雄李舜臣の祠堂にある松は日本の品種だから変えるべきだ」、「ソウルの真ん中に建てられた李舜臣銅像の刀は日本式だから、銅像を変えるべきだ」「日本が略奪した文化財を取り戻そう」などの扇動的な主張を繰り返す。

それに使われる素材は韓国の反日のアイコンとも言える「李舜臣」、「閔妃」、「伊藤博文」、「文化財」などだ。つまり、「反日」というセンセーショナリズムである。しかし、彼はそれで数十、数百のニュースに顔を出し、今は文化財庁長の候補にまで名前が挙がっている。もしかしたら彼は韓国のレベルにもっとも相応しい「愛国者」かもしれない。

「手段」になった反日

本章で紹介してきた人々は日本を戒めるために日本を批判してきたというより、自分の「目的」を達成するため日本に反対したり、日本批判をしてきたという印象が強い。

終戦直後はただ日本の統治を経験した人々による反発から「反日」が叫ばれることはあったが、本章で述べた人々のやり方は、終戦直後には見られなかった新しい手口である。しかし、それが一定の効果を挙げたことは、「反日」という行動が「主張」から「手段」に変わったこと、そして「反日」という感情と行動が続かなければならない「社会システム」に変化したことを意味する。

だが、これは21世紀に入り急に創り出されたものではなく、「反日感情」という薬を濫用し続けた韓国社会に現れた副作用ともいえるだろう。政治家たちは政敵への誹謗中傷のために、北朝鮮は韓国政府批判のために、韓国政府は世論操作のために繰り返して「反日」という薬を使用し、国民は自分でも気付かないまま、中毒になり、それに頼らざるを得なくなった。そして、それの「効き目」に気付いた勢力が、それを自分たちの「利益」のために利用するようになったのだ。

「システム」が長年運営されてきた結果、その副作用も現れた。韓国社会が自ら主張し、育ててきた「反日感情」に手をつけられなくなったのである。つまり、自在に操ることができた「反日」が、韓国社会の濫用の下で成長し続け、操縦制御不能のモンスターとなってしまったのだ。

※1：『国民感情に入り込む独島マーケティング』「インタネットショッピングモールで独島旅行のパッケージツアー商品を販売。独島関連商品が今月入って3倍以上取引される」NoCut ニュース／2005年3月16日
※2：(『日本に対する敵意と自国中心主義が製品の満足度および再購入に及ぼす影響に関する研究』流通研究第10巻第4号／イ・ヒョンソク、イ・ギスン／2005
※3：「MBN」2012年4月21日
※4：民主党ホームページより／2002年5月31日
※5：「ヘラルド経済」2011年4月5日
※6：『歴史再検証　日韓併合』崔基鎬／祥伝社／2007
※7：『在日本朝鮮人運動と総連の任務』朝鮮労働党出版社／2000
※8：韓国福祉サイバー大学：ネットを通して単位を取れる通信大学／2011年設立
※9：「韓国日報」2011年7月6日

第5章　韓国が認めたくない日本の姿

1999年公開され、世界に衝撃を与えた『マトリックス』という映画がある。映画の中の「現実」では人間はカプセルに入れられ、機械に繋げられ、マトリックスと呼ばれる機械が用意した「仮想現実」の中で生活する。カプセルの外側は闇に包まれた危険で汚い世界だ。それが「現実」である。しかし、生まれてからずっとカプセルの中で育った人間は外側の状況を知らずに、機械が見せてくれる「仮想空間」を現実と認識し生きている。

カプセルの中で見る世界は平和でとても美しい。映画では、主人公ネオがカプセルから出ることを決め、虚飾の仮想空間から飛び出す。しかし、暗くて憂鬱な「現実」の世界に出会い、パニックを起こす。今まで「現実として認識していた世界」と「本物の現実」との乖離、現実に対する違和感を簡単には克服することができなかったからである。

映画『マトリックス』の仮想世界に生きる人々が仮想世界を現実だと認識しているのと同じく、韓国で生まれ育った人々は日本に対する偏向したイメージを持っている。韓国人の頭の中に映っている日本は、侵略戦争（文禄の役、太平洋戦争）を起こした国、戦争犯罪に対して反省も謝罪もしない国、韓国の島である独島（竹島）を日本の領土だと主張する国、歴史を歪曲している国である。肯定的なイメージは報道されることが少ないため、良い印象とはいえない。

日本に対する固定観念にひびが入る契機があるとすれば、「韓国」というカプセルの外側に飛び出したときである。その「外側」とは、外国（日本を含む）へ旅立ち、第三者の評価に接した時である。

この章で紹介するのは韓国の教科書、新聞、テレビなど、韓国の内側にいる限りは知ることができない、あるいは難しい「事実」である。「内側」の人々がこれを知った時、信じることができない、信じたくないといった反応も予想される。「内側の常識」では到底、納得できないことが多いからだ。

日本統治期に海を渡った人々

日本統治期に日本へ渡って働いたり、留学生活を送ったりしていた朝鮮の人々はどのような生活をしていたのか。現在の韓国の一般認識は、「殴られながら労働を強いられた」「差別と飢えに耐えながら暮らした」「監視と蔑視の下に置かれていた」というものだ。それ以外の話はほとんど聞くことができない。恵まれた生活をしていて、日本に対し、肯定的な感情を持っていた人もいたのではないだろうかという疑問を持つことは危険である。激しい反発に遭う恐れがあるからだ。

しかし、当時の様々な記録を辿っていると韓国の常識では想像もできないような光景に出くわすことがある。

１９４１年に日本へ渡り終戦まで九州帝国大学で留学生活をした金鍾大《キムジョンデ》氏と、１９４２年に日本に渡り、同じく九州帝国大学に在学した沈鍾燮《シムゾンソプ》氏（前全北大学総長）は次のように回顧する。[※1]

「私は水原高農から九大へ行ったんです。学生生活や大学の教授も水原高農とは根本的に変わったんですよ。こんなに自由でいいのかなと。先生方はこれをやれ、あれをやれと言わずに何でも掲示板に貼り紙だけですよ。なにをするかわからない位に自由にやったんですね。それから決まった科目があるんですよ。非常に自由で時間が余って、何をすればいいのかとはじめの間はとまどったんですけどね。幸いに大学側からはあまり干渉しない。」（沈鍾燮）

「割と自由な学生生活でした。福岡の町の中に行ってビール屋も並んで買って飲みましたけどね。割と学生たちにはよかった。」（金鍾大）

もちろん、いい思い出ばかりというわけではない。余裕のある学生生活を満喫していた留学生は特に、当時九州地域の炭鉱で働いていた朝鮮人たちから、冷たい目で見られていたようだ。

「箱崎あたりには当時、貧しい人たちの集住地区がありまして、ドブロク（濁酒）を買いに行ったんですよ。そこに韓国人がいっぱい住んでいた。そしたらね、大学帽子被って買いに行ったら私を敵視するんです。帰ってきました。お前はもう日本人だ、我々がこんなに苦労しとるのにお前はな

んだということでしょう。」（金鍾大）

徴兵に対しても興味深い陳述がある。本来、韓国人が持っているイメージでは徴兵は絶対避けられないものであり、特に朝鮮人は消耗品のような扱いをされたというものだ。しかし、朝鮮人でも「学科」に恵まれたら徴兵を免れられたし、そうでなければ日本人でも例外なく戦場に送られたというのだ。つまり、「民族」より「学科」で差別があったのである。

沈鍾燮氏は、専攻が「林学科」専攻であったお陰で、終戦まで徴兵を免れた一人である。

「1942年（昭和17年）9月から45年（昭和20年）の9月。この時期は日本が戦争中で社会がとてもいかれて、すべてが戦争ですから。42年に留学して3年間勉強しました。農学部の林学科に入りました。2年の時、徴兵の免除がなくなりました。それで、学生も皆、兵隊に入らなければいけない。そんな問題が起こりました。幸い私は免れましてね。林学科と水産学科はなかったんです。私は林学だったのでよかったです。卒業まで、そのまま勉強をし続けることができました。農学部農芸化学科、農業経済学科、他の学部学科は皆、兵隊に行ったんです。」（沈鍾燮）

日本人でも避けられなかった徴兵を、朝鮮の若者でも学科次第で避けることができた。なぜ日本は彼らを強制的に軍隊に送らなかったのか。現代の韓国の常識で考えると答えに窮する。

「強制連行被害者」たちの生活像

戦時中、いわゆる「強制連行」で徴用されたといわれる人々の暮らしはどうだったのだろう。韓国の「常識」では、彼らは最も辛い経験をした被害者であり、暴力、飢え、労働に苦しんだ人々である。しかし、実際徴用を経験した人の証言の中には現在の韓国社会の常識では信じ難い話も少なくない。韓国政府の国務総理室の下に属している「対日抗争期強制動員被害調査および国外強制動員犠牲者支援委員会」が2009年に公開した『北海道強制動員被害口述集』[※2]を見てみよう。

問い：仕事が終わったら何をしました？
答え：博打をやる人は博打を、飲む人は飲んだ。俺は食べて寝ただけ。夜遊びに行く人もいてばらばらだった。
問い：遊びにいくってどこへ？
答え：どこへいったかは知らない。

この炭鉱だけが特別な環境だった可能性もあるが、仕事が終わったら普通に遊び、飲み、外出をしたという。

問い：休みは？
答え：1ヶ月に3日休んだ。休みの日は酒の配給があってそれを飲みながら遊んで、花札をやった。俺は600円ほど持っていたけど、知り合いがそれを知って貸してくれと。貸してあげたら全部負けちゃって、また貸してくれと。また貸したら手元に金が無くなった。
問い：花札は誰が持ってきたのですか？
答え：買うの。町に出て買ってくる。それを様子見ながらやるの。取締りの人に見つかったら没収だったから。

月給100~200円の時代に所持金が600円。そして、博打が流行っていたことがうかがえる。しかし、どちらも「給料は一切もらえず、重労働を強いられた」という主張がほとんどの韓国社会の認識とはかなりの距離がある。

近所との付き合いはもっと印象的だ。

問い：お婆さんの隣には日本人もすんでいたのですか。
答え：日本人もいたよ。日本人も隣に一緒に住んでいた。日本人は礼儀正しかった。（町内会のような）会議があったが、そこへ行ったら靴みたいなのをくれた。先に取らせてもらったの。
問い：あ、くじ引きみたいな？
答え：そう。くじ引き。切符と言った。私は言葉がよくわからなかったから先に取ってって。日本人は礼儀正しいよ。
問い：一緒に働いた日本人が「朝鮮人」と差別したり、からかったりはしなかったですか？
答え：気付くような（差別は）なかった。表面的に無視したりしたことはない。心の中ではどう思っていたかわからないけど。

終戦直後は日本人より、同じ朝鮮人を批判する場面も見られる。

問い：（朝鮮人の）団体名は何だったのですか？
答え：日本語で「保安隊」といった。朝鮮人があっちこっちで迷惑をかけた。俺は一緒に行動せず見ていただけだったけど、日本人の店に入って必要なものを勝手に持ち出したり、食堂に行って、食べてから払わずに逃げたり、2杯、3杯食べて皿を隠し1杯食べたとごまかしたり。朝鮮人はそうなのよ。終戦になってから、朝鮮人がもっと悪かったよ。

終戦直後の混乱期に朝鮮人たちによる乱暴な行動があったことを証言し、朝鮮人（の行動）の方が悪かったと言っている。これは日本右翼の証言ではない。韓国政府が強制連行被害者として認めている朝鮮人の徴用経験者の口述である。

暴力、飢え、虐待のイメージとはずいぶん温度差がある「徴用」だが、このような普通の「職場」の話は韓国で一般に紹介されることはない。

日本統治期の朝鮮の風景

日本統治期の朝鮮の状況について韓国が持っているイメージは「地獄」そのものである。朝鮮内の生活像を地獄のように語る証言をそのまま学校、新聞、テレビなどで伝えるからだ。被害者の証言に対して検証および確認作業が徹底的に行われることもない。そのため、矛盾する証拠、証言も少なくない。ニュースで「日本軍慰安所」と紹介された施設の写真の中に「ＯＦＦ　ＬＩＭＩＴ（立ち入り禁止）」と英語の警告文が書かれてあったり、「日本軍へ徴兵された時の写真」とテレビに報道された人が韓国軍の軍服を着ていたりする例もあった。
民間団体が出す出版物の体験談、あるいはマスコミが紹介する証言は「被害者」のものに決まっているから、いつもワンパターンだ。しかし、賠償、謝罪、被害、親日などと何の関係もない一般人の口述記録や回顧録などを見た時、それまでの認識との乖離にショックを受ける韓国人もいる。
忠清道公州にあった名門校「公州師範学校」の卒業生たちの戦時中[※3]に対する証言を見てみよう。これは70歳以上になった卒業生たちの生々しい証言である。

面談者：(公州師範学校への入学は) 憧れの対象だったよ。
研究者：あ、そうですか。
面談者：最高の人材を選抜し、日本人と一緒に生活したが表面上は何の区別もなかった。差別がなかった。差別がない教育をうけた。

公州師範学校は忠清道地域の名門校で、官立のため学費がかからなかった。そのため優秀な学生が多く、ここに入学することは難しかった。

面談者：在学中は、男の先生も、女の先生も皆内鮮一体《ないせんいったい》、同じように学生を愛した。だから我々も日本人と日本政府に対してちっとも拒否感、反感がなかった。終戦の時は泣いちゃったよ。日本が負けるなんて、どうしようと。今の北朝鮮の金正日に対する教育みたいな教育を受けたから。私は北朝鮮の人々の状況がわかる気もする。

千葉先生という漢文の先生がいたが、終戦後まだ日韓は国交正常化もされてなくて、往来が難しい時期だったけど、千葉先生が（韓国に）来たの。学生たちが挨拶をしたら先生が土下座をして立ち上がらないの。先生、（部屋に）上がってください、と言っても門の前で土下座のままなの。

研究者：あ、そうしろと？

面談者：いや。先生に上がってくださいと言っても、君たちが私を許すと言ってくれないと上がれないというの。先生、それ（戦時中のこと）は、国家がやったことで先生は何も悪くありません。日本政府がそう教えろと言ったからやっただけで、先生に何の罪があるんですか、と言った。先生は、また「事情があるんだ。許すと言ってくれたら上がる」という。だから、わけもわからず「許しますよ」と言ったら先生が上がった。それで、その事情って何ですかと聞いたら、戦時中漢文を教える時、ある朝鮮人の学生にビンタを張った。でも考えてみたら同じことを日本人の学生がしたのであればビンタはしなかっただろうと思ったらしい。その後もそれが気になって日本に帰ってからも苦しんだらしい。

研究者：いい先生だったんですね。

面談者：日本人のそういう所は見習うべきだと思う。彼らに見習う所は多いよ。先生は朝鮮に行って学生に謝らないと死んでも安らかに眠ることはできないと思って、かろうじて旅券を発行してもらって朝鮮に来たんだと。それから、集まった弟子たちに、ここに私に叩かれた人はいないかと聞くわけ。私たちは先生に叩かれたことないですよ。そしたらまた、私に叩かれた子が誰か知っているか、そんな話を聞いたことないかという。その中にはそんな話を聞いた人もいなかった。そして、先生に私たちが先生になったとしても同じことをやったかもしれませんよ。先生がそんなに罪悪感を持つべきではないです。今、謝ったし、私たちも許すと言ったじゃないですか。それで終わらせましょう。それに叩かれた人が誰か探すこともできないと思います、と言った。

（中略）

面談者：（日本人は）公と私をはっきり区分する。日本が発展したことも理由があるの。私は日本人を憎めない。私は彼らを尊敬するよ。私が（売店で残ったパンを）先生のお子さんにどうぞ、と持っていても絶対受け取らない。君たちが今糖分が足りない時期なのになぜ教師の私がそれをもらうんだと断る。お子さんにあげてと言っても聞かない。私はそれを忘れられない。我々は彼らを見習うべきだよ。（中略）

研究者：ああ……

面談者：公と私の区別だってそう。これは今の日本人もそうよ。我々はできないじゃないか。できないよ。彼らには絶対追いつけない。これは本当に悔しいことだけど追いつけない。国民性が。

彼らはすでに何百年をそうやってきたが、韓国人はそうしなかった。（韓国の）国民性は個々人の頭はいいが、「公」のため「私」を抑えることができない。

京城《ソウル》にあった京城師範学校の朝鮮人卒業生の回顧録を見ても上記の証言と同様の状況がうかがえる。1938年に京城師範学校へ入学した金永敦《キムヨンドン》氏は、定年退職を迎え、学生時代から約50年後に当時の様子を次のように振り返っている。

当時[※4]京城師範学校は、教育界の巨星渡邊信治校長の徳化と「大愛至醇」の校訓のもとに、軍国主義たけなわでものびのびした自由主義教育を実践した。それで韓国人に対する差別待遇などは、ちょっとも気づかなかった。（中略）
そして、韓半島を大陸侵略の兵站基地化して、植民政策も益々きびしくなってきた。韓国人に対する監視も強化一方だった。しかし、京師の教育はいつものとおり民主的であったので、同級生との友情も変わりはなかった。終戦後、韓日両国は民族的、国家的にはまずい関係が長い間つゞいたが、個人的の心のつながりはひとつも変わらなかった。

以上の証言を見ると肯定的な評価が少なくない。しかし、これは「個人」の口述だから聞くことが出来た意見である。著名人がメディアの前でこのような話をすることは絶対できない。実際自分が経験したことだとしてもだ。もしかしたら、韓国でこのような話をする人は著名人になれないのかもしれない。

韓国の歴代大統領が見せた「日本統治期」に対する記憶や反応も興味深い。第3章で紹介したように度々日本の態度を問題視し、反日的国民感情を扇動するなど、決して「友好的」だったとはいえない大統領たちであったが、公職に就いている「大統領」としての態度と日本統治期を経験した「個人」としての態度はまったく違うものであった。

1945年終戦当時、10代後半~20代の青年で「日本統治期」を直接経験した生き証人ともいえる大統領は、朴正熙（1917年生まれ）、金泳三（1927年生まれ）、金大中（1925年生まれ）の3人である。

現在の韓国社会は日本統治期の学校生活を、自由を奪われた弾圧と差別の時空間として説明する。創氏改名、朝鮮語禁止、神社参拝を強要され、学生たちにとっては「地獄」であったかのように。

しかし、3人の大統領が共通して見せた「行動」がある。それは自分が国会議員または大統領になった時、日本統治期の日本人恩師を探しだして感謝の挨拶をしたことである。韓国へ招待したり、訪日の際、恩師に会う機会を設け、過去の思い出を語り合ったりしたのだ。3人の大統領が学校生活で差別、抑圧など負の記憶だけを抱いていたのなら、こうした行動は取らなかったのではなかっただろうか。

当時の学校生活を経験した人たちより、本、教科書、テレビ等で当時の生活像を聞いただけの戦後生まれの韓国人の方が、日本に対し強い反感を抱いているのは実に不可思議な現象である。果たしてどちらの「認識」が事実に近いのだろうか。

現代の韓国人たちが日本で見た風景

イメージの中の日本と自分の目で見た日本の姿が違ったために混乱を起こすことは21世紀の韓国社会にも存在すると述べた。日本の姿を事実とは違う姿に歪めて、悪く、怖く、汚く表現して国民に伝えているためだ。それゆえに事実とは違う日本の姿だけを見て育った韓国人が大人になって留学、仕事のために日本へ行った時にショックを受けたり、混乱を起こす例は少なくない。彼らは昔の朝鮮通信使と同様に悔しがったり、正に自分の目で見た風景であるのになかなかそれを認めようとしない。長い時間「常識」として頭の中に入っていた「情報」を否定することは簡単ではないからだ。

しかし、自分の目で日本を観察し、直接日本の人々に接した韓国人の中には日本に対して親近感を持ち、今まで持っていた反日感情に対して疑問と懐疑を抱く人も少なくない。例として、日本を一人旅して肌で日本と日本人に接した人たちの記録を紹介しよう。

日本を旅しながら日本人に接してみたら、日本人は他人への思いやりを持ち、外国人に対して親

切にする、ルールをきちんと守るなど先進的な思考を持っていた。（中略）

日本統治期の経験、慰安婦問題など日本の蛮行に対する賠償問題が片付いていないことや独島（竹島）問題などを考えると韓国が日本に対して好意ばかりを表すべきでないことは明らかな事実だが、日本人、一人一人の人格を見ると、彼らは喜んで付き合いたい人たちだったし、見習うところも多い人たちだったことを言っておきたい。日本人も反韓感情を持っていると聞いていたが、私が直接逢った人たちからは反韓感情がまったく感じられなかった。逆に彼らは客観的な立場で韓国の長所を高く評価し、私にも礼儀正しかった。

（『바이크로 일본 한바퀴』이영건／매일경제신문사／2011
『バイクで日本一周』イ・ヨンゴン／毎日経済新聞社／2011）

この人は韓国社会で育った普通の韓国人だが、日本へ行ってみて日本に対して肯定的な評価をしている。彼にとって日本人は歴史問題さえなければ友達になりたい存在だ。つまり、付き合いたいという「気持ち」を韓国社会が頭に叩き込んだ「情報」が邪魔しているのだ。

次に、強い反日感情を持っていた人が日本旅行中、道に迷った時、ある親切なお婆さんに助けてもらったという。彼の反応を見てみよう。

私は、多くの韓国人と同じく、「일본인（イルボニン：日本人）」という言葉より「일본놈（イルボンノム：日本野郎）」という言葉が思わず出るほど反日感情を抱いて生きてきた。親日派の子孫である勤め先の会長の言動に腹が立って（会社を）辞めちゃったくらいだから、日本に対する反感は人の何倍も強い。しかし、この田舎のお婆さんによって、彼女の親切によって日本は私に新鮮な姿で近づいてきた。私は「このお婆さんは特別な人で、この個人的な出会いで日本人全体を評価することはできない」とも考えてみた。しかし、その後10回以上日本を往来しながらさらに多くの日本人に、街で、食堂で出会ってみてからあのお婆さんは特別な日本人ではないことに気付いた。日本人の多くはとても親切だった。

このような経験をしても韓国人は「日本人は表と裏が違う」といいながら、日本人の親切をありのまま見ようとしない。もちろん、そうかもしれない。しかし、私はまだ街で出会った多くの日本人から不愉快な思いをしたことがない。

（『자전거에 텐트싣고 규슈 한바퀴』오동명／그리고책／2010
『自転車にテントを乗せ、九州一周』オ・ドンミョン／グリゴチェック／2010）

彼はお婆さんの親切に感動しながらも、一部の話ではないかと疑ってみる。そして、韓国社会で聞いてきた日本人像に疑問を抱くようになる。

次は、京都に魅了され、京都旅行に関する旅行記を書いた人の告白である。

本を書き下ろしながら、韓国人として日本に関連する文を書くとき感じてしまう嫌な気持ちを私も経験したことを告白したい。私には歴史意識があるのか、愛国的な立場から見て不適切な考えを持っているのではないかという疑問が浮かんできたのである。知識もあまりないし、社会意識もあまりなかった私は無責任な享楽主義者に戻り、（心の）プレッシャーを投げ捨て、コスモポリタンとして、一人の放浪者として自分の感情に充実な文を書くことにした。

（『그 도시가 내 삶에 들어왔다・교토』이혜필／안그래픽스／2008
『あの都市が私の人生に入り込んだ。京都』イ・ヘピル／アングラフィック／2008）

歴史問題についての著書ではない、日本を讃える日本論を綴っているわけでもない。ただ、京都が好きで、京都の風景について旅行案内書を書いているだけだ。それでも、自分の歴史意識を戒めたり、それが非愛国的な行為ではないか良心の呵責を覚える。なぜ美しいものを素直な気持ちで表現するのにこれだけ悩まなければならないのか。そして、なぜ京都を楽しむ自分を享楽主義者と位置づけ、素直な感想を語るのにプレッシャーを感じなければならないのか。彼女の苦悩に同情の気持ちさえ感じてしまう。

以上は成人男女の話だったが、高校生の日本体験記からの一文を紹介しよう。まだ幼い学生の場合は、世間を気にすることもないし、大人に比べ先入観も少ないのでもっと率直な感想と気持ちをうかがうことができる。交換留学生として日本の高校へ留学した韓国の学生たちが10ヶ月間の日本生活を終え、帰国する空港での話だ。

> 私たち5人は飛行機を待ちながら、今までの生活について語り合った。皆楽しかったようだ。（日本を）離れたくない気持ちも一緒だった。ずっとここに残りたいという。まだ、帰るという現実を認めることができなかった。10ヶ月がこんなに短いとは！ 今考えてみるといつ私が日本に来たかと思うほどだ。友達もホストファミリーとの別れ際には皆泣いたという。やはり、ホストファミリーとは言葉で表現できない何かが存在する。（中略）
>
> 飛行機に乗った。私たちはまだ日本語で話していた。韓国語が久しぶりだったためかもしれない。もしかしたら、日本を離れたくない心がそう表れたのかもしれない。飛行機の窓から広がっている日本列島を悲しい目で眺めていた。（中略）
>
> 2時間足らずで私たちは仁川国際空港に着いた。私の家族と家がある韓国に帰ってきたというのになぜかため息を吐き続けた。

(『고딩, 일본에 가다!』우현년/열린/2002
『高校生、日本へ行く!』ウ・ヒョンニョン/ヨルリン/2002)

この学生は10ヶ月の日本生活がよほど楽しかったらしい。ホストファミリーの家から空港までの車内ではずっと泣いていたという。まだ幼いから「歴史」「独島」「慰安婦」のことより、「アニメ」「マンガ」「ゲーム」に夢中になっていただけかもしれない。しかし、それはいけないことだろうか。自分を「享楽主義者」と責める大人より、素直な気持ちではないだろうか。

実際日本を体験した人たちは韓国社会で聞いてきた日本のイメージに違和感を覚え、様々な疑問を抱くようになる。以上の経験者たちがそうであるが、彼らは「一般人」だからこそそのような発言ができる。有名人になると上記のような発言はとても危険だ。

どのように危険なのか例を挙げよう。今まで紹介してきた人々と似たような経験をした有名人の中に趙英男《チョヨンナム》という歌手がいる。趙英男は2005年『殴り殺される覚悟で書いた親日宣言(以下、親日宣言)』[※5]という刺激的なタイトルの本を発表し韓国社会で大きな話題になった。だが彼が『親日宣言』で主張した内容はタイトルほどには刺激的な内容ではなかった。

彼の言う『親日宣言』とは、誤解していた日本をより正確に認識し、日本の文化と慣習から学ぶところは学ぼうという「プラス志向の日韓関係」に対する表明であった。しかし、「親日」という言葉にヒステリックな反応を起こすことが多い韓国社会では、『親日宣言』は「民族への裏切り」と同意語として受け止められ、マスコミと韓国社会からの激しい批判を浴びた。彼の本を読まずに、マスコミが伝える内容だけを見て腹を立てる人も多かった。

その後、「趙英男の公演を阻止する会」が発足し、彼がレギュラーとして出演していたテレビ番組を降板させろという声が上がるまで事態が発展すると趙英男は記者会見を開いて「謝罪」と「反省」の意を表明せざるを得なかった。自分は愚かで、国内外の韓国人のみなさんに多大な迷惑をかけたという内容で事実上の「殴り殺されないための降伏宣言」であった。

これは、2004年「挺身隊」をモチーフにしたヌード集を発表したタレント李丞涓《イスンヨン》が戦争被害者を侮辱したと批判され、慰安婦被害者の前で土下座した事件、同年経済学者李栄薫《イヨンフン》教授が「慰安婦を強制連行したという証拠はない」という発言で同じく慰安婦被害者の前で土下座をしなければいけなかった事件と類似している。

一つの主張に対し不満や異議があるなら、主張した人の本を買わなければいい、主張する人が出演するテレビ番組を見なければいい。また、不買運動や視聴反対運動までであれば理解できる。しかし、人民裁判のような自己批判と土下座をしなければ許されない雰囲気はファシズム的であり、思想の強要と言ってもいいのではないか。しかし、彼らがタレントとして、歌手として、学者として活動を続けるためにはそれ以外の道がなかったのだ。

海外のニュースが見た風景

２０１２年イギリスのＢＢＣが22カ国２万４０９０人を対象に各国が世界に肯定的な影響を与えているか否定的な影響を与えているかを調査、発表した。

その結果を見ると、世界各国の58％が日本を肯定的、21％が否定的に評価し、韓国に対しては37％が肯定的に、27％が否定的な評価を下した。中国と韓国が日本に対して否定的に評価している数値はかなり高く世界の認識とはズレが見受けられる。

韓国のニュースによると日本は歴史を歪曲し、反省をしない国であり、右傾化しつつある国なのになぜ世界はこれだけ日本を高く評価しているのか。世界各国の評価が狂っているのか、それとも韓国の評価が狂っているのか。

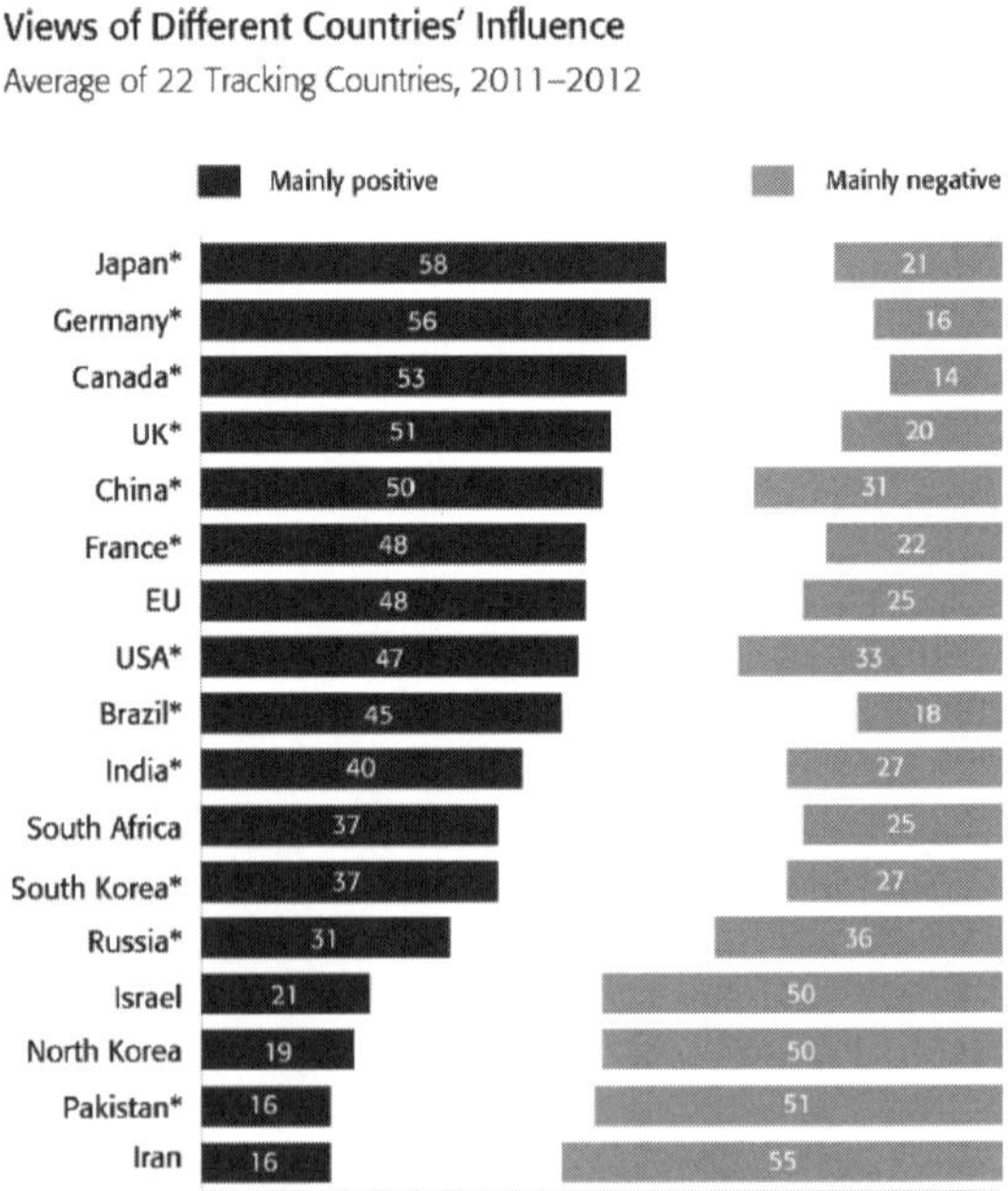

世界に肯定的な影響を与えたか、否定的な影響を与えたか
（BBC による調査結果　2012 年）
※グラフの左が肯定的な評価、右が否定的な評価

日本の侵略、もしくは支配を経験した国の中でも極端な反日感情を持つ国は中国と韓国だけである。韓国ではよく言われる。35年間も日本の支配を受けた国だから当然反日感情があると。しかし、51年間日本の支配を受けた台湾は、韓国や中国のようなヒステリックな反日は見せない。また、欧米と日本、両方の支配を経験したインドネシアは77％、対戦国だった米国は74％と日本に対する肯定的な評価が格段に高い。韓国社会が持つ日本に対する感情はなぜ世界の認識とこれだけ違うのだろう。その原因を探ることは韓国社会が次のステップを踏むために必要な課題の一つではないだろうか。

　韓国には日本の経済力、つまり経済援助などを通して世界から「票」を得たのだろうと考える人もいる。

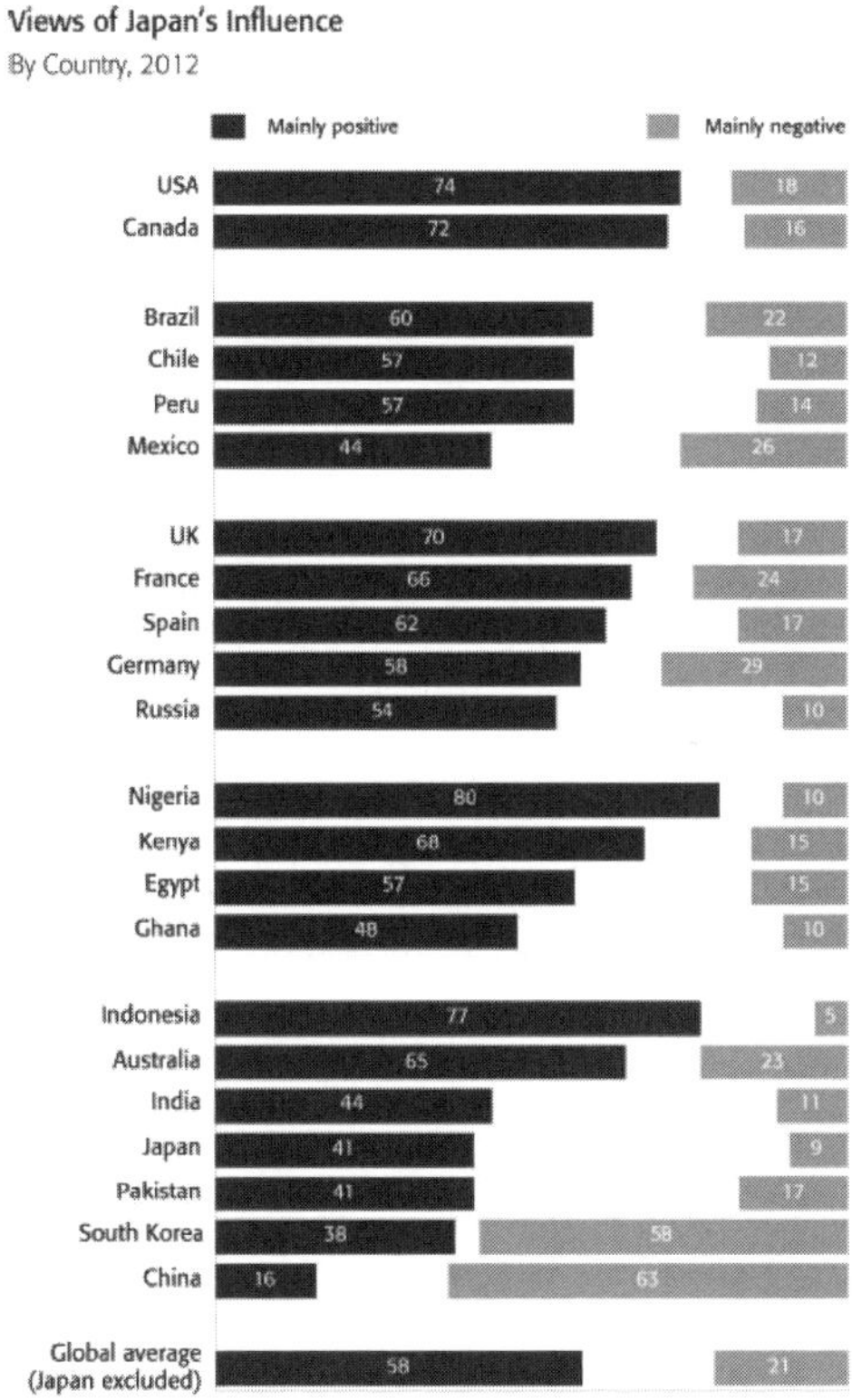

国別に算出した、日本が世界に肯定的な影響を与えたか、否定的な影響を与えたか
※グラフの左が肯定的な評価、右が否定的な評価

いわゆる「ジャパン・マネー」の威力だ。しかし、援助だけで高い評価を得られるのだろうか。それなら、日本の莫大な援助を受けてきた韓国において反日感情が強いことや、先進国である米国（74％）、カナダ（72％）、ドイツ（58％）が日本に対して極めて高い評価をしていることは説明できないはずだ。

韓国の学生たちが習ってきた歴史は正確で公正か

2008年スタンフォード大学のアジア太平洋研究センターが米国、日本、中国、韓国、台湾の5カ国の高校歴史教科書を比較分析して、その内容を発表した。調査報告書を見ると「日本の教科書に対する海外報道の批判は不当で、日本の歴史教科書は愛国主義的な記述、戦争への賛美などはまったく見られない」という。

一方、韓国の教科書については「日本が中国に対し行ったことには興味がなく、日本が韓国に与えた被害にだけ関心がある。驚いたことに韓国の主要教科書には広島、長崎への原爆投下の記述がない。それだけ韓国は自己中心的にしか歴史を見ていない」と評価している。

また、「日本統治期の韓国の工業化に対しても叙述がない。日本が韓国の経済発展に貢献したことは書かれていない」「韓国は多くの部分を隠蔽している。それは日本軍への協力と日本の支配により利益を得た韓国人が多数いたという事実だ。これは韓国ではとても敏感な問題で、韓国の教科書で見つけることはできない」と厳しい指摘をしている。

もし、スタンフォードの報告書と同じ内容を韓国の学者がマスコミの前で話したならその人はものすごいバッシングに遭っただろう。しかし、幸いなことに発表したのは韓国から遠く離れた米国の大学研究所である。そしてもちろん、この話題が韓国で大きく報じられることも、話題に上ることもなかった。こうした不都合な情報に背を向けることによって、「韓国の歴史記述には問題がない」という信念と「日本の歴史教科書は歪曲されている」という催眠は維持されるのである。

韓国政府とマスコミが伝える情報は真実か

文禄の役（1592）が起きる2年前の1590年、朝鮮の使節として日本へ派遣され、1年後の1591年に帰国した朝鮮通信使がいる。この時、一団を統率する役割の「正使」を勤めたのが黄允吉《ファンユンギル》で、「副使」は金誠一《キムソンイル》であった。通信使は日本へ行って豊臣秀吉に接見した後、日本の状況と風物を観察して半島に戻った。

ここで、「正使」の黄允吉は「秀吉は野心家であり、非凡なる人物。そして、戦争を準備しているような空気だった。彼は必ず攻めて来る」と報告したが、副使の金誠一は「秀吉は心弱で、戦争を起こせるような人物ではない」と正反対の報告をした。相反する二つの報告を受けた朝鮮朝廷は困惑した。二人が「同じもの」を観察して異なる報告をしたのは、二人が各々「南人」と「西人」という違う派閥に属していたことも理由の一つとして挙げられている。

結局、朝鮮政府は民心が動揺することを恐れ、積極的な対策は採らなかった。実際戦争が起きるまで1年という時間があったが、城の増築や整備を行うレベルに留まり、後に大きな戦禍を経験することになったのである。

韓国が朝鮮通信使の例で学ぶべき教訓は何だろう。「国民を安心させるため」という美名で、誤った情報を伝えることは決して国民のための措置にならず、逆に大惨事を起こすこともあるということではなかっただろうか。

ところで1990年代から浮上した日韓問題の中で「日本海―東海名称問題」というものがある。朝鮮半島と日本列島の間にある海の名前が「日本海」か、「東海」かということを巡る日韓の争いだ。そもそもこれを問題視したのは韓国の方であるが、1980年代までは韓国でも使うことがあった「日本海」は今では禁句になり、韓国では対日関係において重要な話題になっている。

2003年在仏韓国大使館はフランス国立図書館の古地図を調べた結果、「東海もしくは朝鮮海」と表記している地図が「日本海」と表記されている地図より圧倒的に多いと発表した。[※6]そして、韓国マスコミは在仏韓国大使館の発表をそのまま伝えながら、「東海―日本海名称問題」において韓国側の主張の方が説得力があると報道した。

このニュースを見た国民は「西洋人も昔から朝鮮海もしくは東海と認識していたが、19世紀に入り日本の国力が大きくなってから日本海と呼ばれるようになった」という韓国側の主張がすべて正しいと確信する。また、これが日本の主張を論破できる証拠の一つになると確信する。しかし、それが「事実」ならよかったのだが、それは国民を欺く発表であった。

結論からいうと、フランスの国立図書館にある古地図に「東海」（East Sea）と記された地図は1枚もない。韓国側が勝手に「東洋海（Mer du orientale）」を「東海」と見なして数えたからそのような「圧倒的に多い」という反応が出たのだ。それに、韓国側の調査対象になった数は日本側が後に調べ発表した数の半分以下で、その中でも韓国に不利な「日本海」と記された地図の数は日本側が見つけた数の10分の1に過ぎない。日本側が調べると「日本海」と表記された地図は２４９点もあったが、韓国側は22点と発表して「日本海という表記はあまりなかった」と発表したのである。

しかも、このような実態は一例に終わらない。大英図書館とケンブリッジ大学図書館、米国議会図書館が所蔵している古地図についての調査が次々と現地の韓国大使館により発表されたが毎回、韓国側が提示した地図の数は、後に日本側が検証して見つかった地図の数の半分以下であった。これはただの調査能力の問題

韓国の発表（2003）	区分	日本の発表（2004）	
71	「東海もしくは朝鮮海」と表記	92	朝鮮海：60
			東洋海：32
22	「日本海」と表記	249	
515	地図の総数	1495	

フランス国立図書館にある古地図の調査結果

なのか。

これらの調査は国民の税金で行われているが、このような稚拙な調査であるにもかかわらず誰も責任を問わない。

ちょっとした道路工事でも予算の無駄使い、税金の浪費という批判が起こり、海外公館の電話対応に対しても厳しい注文をする韓国社会で、外貨を使いながら二度と使えない資料を量産していることに対してはどのマスコミも、どの市民団体も、国会議員ですら誰一人批判をしない。なぜならば、彼らはみんな韓国を「愛して」いるからである。

「外」で感じる混乱

今まで述べたような環境で育った韓国人が大人になって混乱を起こす事例は日本を訪問した時に限らない。韓国人が日本を訪問し、日本や日本人に好印象を持った人たちの例はすでに紹介したが、第3国に行って感じるショックにはそれ以上のものがある。日本と比べられて感じる屈辱、悔しさつまり「劣等感」が追い討ちをかけるからである。

韓国の宗教家として、市民運動家として有名な咸世雄《ハムセウン》神父が1965年ローマの神学校で体験した出来事を紹介しよう。

ローマに来てみたらソウルどころか、韓国がどこにあるかも知らない。知っていても「朝鮮戦争の国」、「中国の衛星国家」、「日本の植民地」程度しか知られておらず、時間が経てば経つほど頭に来た。韓国といえば当たり前のように「ああ、日本の植民地だった国」という言葉が付く。私は外国の学生たちに私なりの論理を展開した。ローマがギリシャを支配し統治したが、ローマの文明はほとんどギリシャに従属していた。同じように韓国が一時期日本に支配されていたが、日本は島国の野蛮族でそのすべての文化は百済が伝えたものだと。深く頷いた人もいたが、ほとんどは礼儀として聞いているふりをしているだけだった。

辞書で韓国を調べるとすべて「中国に隷属された王国」「日本の植民地」「南北に分かれている国」だった。5000年の悠久たる歴史、槿の三千里、白衣の単一民族、誇らしいハングル文字と印刷技術、瞻星臺（慶州にある、新羅時代の天文観測台と言われている建造物）などは言及されることもなく、米国の50番目の州くらいに思われていた。会う人はみんな「あなたは日本人ですか」と聞く。私が違うと答えると彼らはすぐ「あ、中国人ですね」と返す。最初は自信を持って韓国人だと答えたが、同じことが留学期間中延々と続いたので、考えただけでも腹が立ち、日本に対する敵愾心が大きくなるばかりだった。

（「月刊マル（말）」1997年3月号）

咸神父は1942年生まれで日本統治期の記憶はほとんど持っていない。終戦後、韓国内でずっと教育を受け育った彼にとって、初めて経験する海外生活と異文化は驚きの連続だっただろう。ここで、ローマでは韓国が日本や中国との関連で認知されていることに「怒り」と「悔しさ」を感じる。そして、その感情はエスカレートし、愛と平和を伝えるべき聖職者が彼に対し直接的に被害を与えたわけでもない日本に対し「敵愾心」まで持つようになる。後になって反日感情を捨てることができたと告白しているが、若い時は神の声を伝える神父でありながら、歴史、民族、国家という「人間が作った概念」を乗り越えることができなかったのだ。それでは一般人の場合はどうだろう。

２００９年「ハンギョレ新聞（電子版）」には「韓国の認知度はどこまで来たか」というタイトルの読者投稿が載った。その投稿を見ると北欧のスウェーデンに住んでいる韓国人女性の地域コミュニティセンターでの経験談が紹介されている。

英語とフランス語を話せる彼女は外国人住民のミーティングの後、通訳をしてくれたスウェーデン人にお礼の挨拶をする。同じグループにいた日本人、ポーランド人、フィリピン人は英語に自信がなく、言語的なプレッシャーを感じたのか何も言わずにその場を去った。その時彼女は、通訳の人が急いで日本人女性を追い掛け、声をかけるところを目撃する。

「君、日本人？」
「うん。」

「すごい！（So cool!）君のしぐさをみて日本人だとすぐ分かったんだ。」

「あ、そう。」

「うん。私日本人の友達がいるんだ。日本の料理と文化も好きよ。」

「そう。」

（中略）

この光景を見て私が열폭（劣爆《ヨルポッ》：劣等感の爆発という意味の新造語）したのは私自身の問題かもしれないし、自尊心が足りないからかもしれない。

（「ハンギョレ新聞（電子版）」２００９年12月21日）


彼女はなぜ「劣爆」したのだろうか。そして、なぜ韓国人は海外でよくこのような体験をするのだろう。スティーブ・ジョブズ、タイガー・ウッズといった人物が歓喜した群衆に囲まれるのを見て劣爆する韓国人はいない。彼らはそれだけの業績を残し、世界的にも認められているからである。

しかし、韓国人は韓国と韓国人に対する認知度は低いのに日本が、日本人が歓迎され、持てはやされることは我慢できない。もしかするとその怒りは実は「日本」に向けられているのではなく、「自分」に向けられているのかもしれない。矛盾と想定外の状況を目にし、自分の思考回路ではそれを処理しきれずに、ショートしてしまい、それが熱の代わりに「怒り」として表れたように見えるからだ。まさに第2章でも述べた、朝鮮時代日本へ行って日本の繁盛と名古屋の女性の美貌に仰天し、悔しがる朝鮮通信使の二の舞なのである。

次に2006年ドイツワールドカップの取材のため、ドイツのフランクフルト空港に降りた韓国の記者の体験談を紹介しよう。「入国審査台から人種差別をするドイツ」というタイトルの記事である。

> 韓国人記者がドイツのフランクフルト空港に降りたのは5日の午前0時頃。日本人、米国人などと一緒に「非ヨーロッパ国民」の入国審査台に並んだがここから人種差別、いや国家差別が始まっていた。
>
> 米国人と日本人はパスポートの確認だけでパスできるが、韓国人の観光客や記者には「何の目的で来たのか」「今日泊まるホテルはどこだ」などいちいち聞き始めた。取材証明書を持参した記者たちにも「文字のプリントが薄い」と難癖をつけ、コーチにはコーチライセンスを求めたりした。すでにドイツの一部地域では韓国人留学生や観光客が暴行を受けたという話が聞こえてくる。
>
> 空港から人種差別が始まるなんてワールドカップ期間中どれだけの迫害と差別を受けることになるのか心配である。
>
> （「OSEN」2006年6月6日）

出入国において訪問目的、滞在地を確認することはおかしなことではない。しかし、米国人や日本人と同じ「待遇」を受けていないことに対して、この記事を書いた記者は「人種差別」と訴えている。これが人種差別なのだろうか。日本人は韓国人と同じ「アジア人」ではなく、記者の目に日本人は「名誉白人」にでも見えたのだろうか。

この記者が怒りを感じたのは彼がそれまで、韓国は米国や日本と同レベルだと思っていたからである。韓国の教科書、テレビ、新聞だけを見ると韓国が何でも優れていて、世界の注目を浴びているように思ってしまうが、韓国に対する海外の認識は米国や日本に比べれば、まだまだ及んでいないというのが事実であろう。海外生活が長い人ならその差をはっきり認識している。韓国の有名な評論家陳重権《ジンジュンクォン》氏は「私も国籍を放棄したい」というコラムで、次のように語っている。

> 国籍の価値にも差がある。ドイツ留学中、ビザの更新のためにドイツの官庁に行ったことがある。韓国のパスポートを持った人は第三世界の人種が集まっている長蛇の列で何時間も待たなければならないが、日本のパスポートを持った人は待つことなく、閑散とした窓口で手続きを行う。日本は西ヨーロッパ国家と同レベルに分類されるからだ。
>
> （「京郷新聞」2005年5月12日）

しかし、陳氏のように冷静に語れる人は少数で、一般的な認識とは言えない。2009年7月8日韓国の「ハンギョレ新聞（電子版）」の「悩み相談」コーナーには、オーストラリアに留学している韓国人学生の「悩み」が掲載された。

オーストラリア、つまり韓国でも、日本でもない第三国という環境での生活は、客観的に韓国と日本を眺めることができるいいチャンスである。そこで韓国人留学生に起きた変化はどのようなものだったのだろうか。結論からいうと、彼は「広い視野を獲得」するかわりに、韓国という洞窟生活の「後遺症」に悩まされることとなった。相談内容を紹介しよう。

日本には好感、韓国は無視…「頭に来る」

オーストラリアの大学に留学中のMJと申します。日本人の友達2人と一緒に暮らしています。私が通う大学には「日本人学生会」と「韓国人学生会」がありますが、日本人の友達と暮らしているため、たまにうちに日本人学生会のメンバーが集まることがあります。そこで驚いたのは、日本人学生会には多くの白人、アジア人の男女が加入していることでした。少し前、日本人学生会に加入しているノルウェー人男子学生が来て最初は私ににこやかに挨拶をしたのですが、私が韓国人であることを知った途端態度が少し変わり、日本と韓国を比べ始めたのです。日本に行った時は歓迎されて嬉しかったけど、韓国に行ったらあまりフレンドリーではなかった、など。彼が何について言っているのかは分からなくもなかったのですが、むかっとなって慌てて韓国（人）を弁護しました。

しかし、何日か後に開かれた食事会で、彼が私に「Hey Korean, can you pass me the water?（おい、韓国人。そこの水をくれる?）」と言うではありませんか。そして、彼もちょっとまずかったと思ったのか、「Oh, so what was you name again?（あ、君の名前は何だったけ?）」と言いました。本当に頭に来ました。日本人に対する劣等感すら感じてしまいました。日本人はあれだけ白人に好意的に見られているのに、なぜ韓国人はそうでないのか。なぜ日本人学生会はあれだけ国際的なのに、韓国人学生会はそうでないのか。心が傷つき、腹が立ってどうすればいいかわかりません。

（「ハンギョレ新聞（電子版）」２００９年7月8日）

この話は韓国社会が持っている反日システムの副作用が現れたいい例といえよう。まず、彼はなぜ劣等感を味わい、なぜ腹を立てたのかを考えてみよう。その理由は彼の生まれた環境、つまり韓国という「洞窟の中」とオーストラリアという「外」の温度差が激しかったからである。

韓国は美しい山河に恵まれ、偉大なる先祖が作り上げた素晴らしい文化を持っており、今や世界が羨むＩＴ先進国、スポーツ強国だと聞いていたが、海外へ行って肌で感じる反応は彼の期待を裏切ってしまった。反面、歴史を歪曲し、侵略行為に対し反省の色も見せない国と聞いてきた「日本」に対して集まる外国人の「日本愛」を見て驚く。

日本のライバルに成長し、分野によっては日本を追い抜いたといわれている韓国がなぜこんなに冷遇を受けるのか。そして、なぜ韓国人の学生会は韓国人同士の集まりに留まるのか。その衝撃と疑問に苦しんでいるのだ。

相談者に起きた出来事について整理してみよう。ノルウェー人は韓国人を無視はしていない。ただ、韓国旅行の感想を率直に話し、日本に対するほどの興味を韓国に対して示さなかっただけだ。それを韓国人留学生は「無視した」と認識し、腹を立てている。これでは一種の被害妄想ではないかと思われても仕方がない。

しかし、彼は「被害者」ともいえる。彼は韓国という名の洞窟の中で「外は暖かい」、「外に出たら君はモテモテだ」と聞きながら育った。しかし、外に出てみると外は南極のように寒く、モテモテどころか誰もこっちを見てくれない。それに、洞窟の中では一番醜く、汚いと言われている「日本」は色々な国の人から愛されている。ここで「日本」に腹を立てるのは単なる八つ当たりに過ぎない。一番悪いのは「暖かい」「モテモテだ」「日本は醜く汚い」と話してきた人だ。もし、客観的な情報、例えば、「韓国はまだ日本ほどは知られていない」「日本文化は世界で人気がある」という事実を聞かされてきたならば、これだけの「温度差」は感じなかったはずだ。

「温度差」があるのは仕方ないことかもしれないが、その差を縮めるために努力しなければならない。しかし、以上の相談内容に対する「アドバイス」を見ると、温度差が縮む気配は見えない。新聞のアドバイザーはこう話している。


ヨーロッパの白人たちがなぜ日本人に惚れ込んで、韓国人は無視するか。私の考えはこうです。

これは、「システム」の問題です。どの国とも仲良くしておかないと不安になる実利的な外交政策を取る日本のシステム、彼らは国の資本の力で強力な「日本文化の発信システム」を備えているのです。この文化交流の歴史を馬鹿にしてはいけません。小さな一つ一つの努力の積み重ねが結果的には（そのノルウェー人を含め）世界的に「親日派」を量産したのです。

（「ハンギョレ新聞（電子版）」２００９年7月8日）

アドバイザーは「温度差」の原因を「日本の資本で作られた文化発信システムが優れているため」としている。本当に原因がそういう「政策」によるものなのか私は疑問に思う。それが本当に日本に対する好感を与えた理由であれば、なぜそれは韓国と中国には浸透しなかったのだろう。

残念ながらこのアドバイザーはその原因を正確に把握していないように見える。その答えを見つけることができなかったら今後も海外からの悩み相談者が増え続けるだろう。

この章で述べた一連の内容を一般の韓国人が見たら機嫌を悪くしたり、怒ったりするかもしれない。そして、信じられないという反応も多いはずだ。「韓国社会」という閉じられた世界の中で見聞きしてきた内容とはあまりにもかけ離れているからである。

そういう人たちはマトリックスの外側、つまり韓国の外のニュース、本、資料を自分の目で確かめようとしない方がいいのかもしれない。真実だと思っていたことが実は嘘だったり、作り話だったりしたことに気づいた時に感じる失望感や虚しさはとても大きなショックを伴うからである。それを恐れるのであればカプセルの中に居残った方が幸せだろう。なぜならば、カプセルの中は暖かいし、美しいし、とても楽で、悩むことは何もないからだ。

※1：『朝鮮半島から九州大学に学ぶ　留学生調査（第1次）報告書 1911～1965』九州大学韓国研究センター／2004
※2：『アオモリを越え北海道へ（強制動員口述記録集11）』日帝強占下強制動員被害真相究明委員会／2009
※3：『日帝末期教師養成教育に関する口述史研究』朴鎭燮／公州教育大学校 修士論文／2008
※4：『大愛至醇』京城師範学校史／1987
※5：『殴り殺される覚悟で書いた親日宣言』チョ・ヨンナム／ランダムハウス講談社／2005
※6：「京畿新聞（電子版）」2003年3月11日

第6章　韓国が反日国家でなくなるために

最近の変化

韓国社会でも最近は韓国社会が語る「日本」について疑問を持つ人たちが現れ始めた。彼らは、過去には海外旅行も自由に行けなかったし、政府とマスコミが組んで黙っていれば海外からの情報を聞くこともできなかった。

しかし、最近は海外旅行、海外留学、インターネットを通してあらゆる情報に接することができる。そして、今まで「外」の情報から韓国社会を固く守っていた「常識の壁」にひびが入り始めたのだ。

韓国社会は日本について何でも否定的に評価するが、日本人の中にもいい人がいて、日本から学ぶべき所もあって、地獄のように語られる日本統治期にも喜怒哀楽があったのではないだろうか。日本統治期の政策の中にも朝鮮人たちの役に立ったことが一つくらいはあったのではないだろうか、と思う人たちが現れたのである。

しかし、韓国社会で自分の考えを公に表すことは危険を伴う。常識を否定すると社会的に抹殺され、韓国人の逆鱗に触れるとひどい目に遭う可能性がまだまだあるからだ。

結局、矛盾と疑問がすっきりしないまま「皆が言っていることが正しいに違いない」と妥協せざるを得ないのが今の現状である。

韓国社会が築いてきた固い殻を破り、外に飛び出すために何が必要だろうか。この章では、韓国社会が築いた洞窟、つまり反日の社会システムから飛び出し、真実を確かめられるようになる方法について考えてみたい。

捨てるべきもの

①日本がすべて悪いという結論ありきの解釈

韓国社会が国民に正確でない情報を提供するようになる原因、それは結論が最初から決まっているからだ。常に「日本＝悪」、「日本統治期＝地獄」という結論に決まっているため、「日本≠悪」、「日本統治期≠地獄」という事例が出てきたら、隠ぺい、強引な解釈、嘘が必要になるのだ。

「結論ありき」の性向が現在韓国でどのように適用されているか例を挙げてみよう。

日本統治期の朝鮮総督府は朝鮮に鉄道と港湾施設を造り、電気、水道を普及したという事実に対する韓国社会の解釈は次のようになる。「これらは『朝鮮を兵站基地化』するため作ったもので、朝鮮の発展のために作ったものではない」。多くの韓国人学者はこのように力説する。日本の政策が朝鮮の発展、人民の生活向上に繋がったという話は現在の韓国ではあってはならない主張だからだ。

しかし、日本が鉄道、電気、道路を作らなかったら朝鮮の人々は満足したのだろうか。内地と朝鮮の差別だと言い出しながらもっと大きな批判の声を上げたのではなかっただろうか。つまり、鉄道を作っても、作らなくても決していい評価は与えないのである。総督府がやったことはすべて「悪行」にならないといけないという結論が決まっているからだ。朝鮮総督府はいったいどうすればよかったのだろう。

総督府が小学校を建てたこともやはり「朝鮮民衆の教育レベルを上げるためではなく、植民地経営に必要な人材を育てるため」と解釈する。例えば、中学校の教科書では「(日本は)朝鮮人には高等教育のチャンスを与えなかった。韓国人には小間使いとして丁度いい程度の初歩的な技術と実務的な内容だけを教えた」(2010年中学校国史)と説明する。

もちろん、高等教育機関になればなるほど朝鮮人学生の割合が少なく、内地に比べたら学校数が少なかったことも事実である。しかし、朝鮮にも法科大学、医科大学が存在し、成績さえよければ制限などなく入学することができたこともまた事実である。

また、多くの朝鮮人学生が海を渡り日本へ留学した。1916年在日朝鮮人留学生はわずか459人だったが、ほぼ毎年増え続け1940年には2万人を超え1942年には2万9000人にのぼった。これは、2011年現在の在日韓国人留学生の数(2万5692人)を上回る数字である。現在より経済力は勿論、人口も少なかった当時の方が渡日留学生が多いことは何を意味するのだろうか。朝鮮人には高等教育のチャンスが与えられなかったと批判するが、それが事実だとすれば、日本が朝鮮人学生の渡日を止めなかった理由は何だというのであろうか。

韓国は1930年代にも「強制連行」が行われたというが、次頁[※1]の表を見ると私費留学、早期留学が毎年増加を見せている。これを見て「高等教育のチャンスをくれなかった」といえるのだろうか。そして、強制連行で連れて行かれる地域に自らお金を出して留学にいくほど当時朝鮮人の判断力は低かったとでもいうのか。それとも渡日留学生は皆親日特権階級の子息であったのか。

朝鮮人留学生たちの中には帝国大学の制服を着て日本の町を歩いていた人も、日本の女性と恋に落ちた人もいた。その反面で、日本の農村には飢えに苦しみ、進学を諦めざるを得なかった日本人の若者もいた。

日本の農村にいた若者は日本政府に対して「朝鮮人に比べて教育のチャンスがない。差別だ」と抗議でもすべきだったのだろうか。韓国の教科書に基づいて当時の状況を見ると納得のいかない矛盾点が次から次へと出てくる。

そういった矛盾が出てくる理由は韓国が「朝鮮人にも進学のチャンスはあった」と書かなかったことにあるのではないだろうか。

年度	官公立大学	私立大学	高等専門学校	中等学校	合計
1931年	168	1224	532	3138	4762
1932年	136	1274	608	2959	4664
1933年	147	1421	571	3230	5369
1934年	115	1583	711	3684	6093
1935年	109	1992	1058	4130	7292
1936年	121	1880	1066	4743	7810
1937年	128	1610	1983	6193	9914
1938年	152	2296	2183	7725	12356
1939年	214	1382	3934	10774	16304
1940年	261	2044	3624	14895	20824
1941年	242	2931	4400	19154	26727
1942年	299	2489	4595	22044	29247

朝鮮人の渡日留学生数推移

日本の施策はすべて「悪」、日本人への抵抗はすべて「善」

朝鮮は迷信とシャーマニズムが社会的な地位を占めていた社会で、風水や巫女などの弊害は朝鮮内部でも指摘されていた。

そして朝鮮を併合した総督府は朝鮮の迷信と巫女の活動が社会的に色々な問題を起こしていると判断した。医師免許も知識もない巫女が病者を治療した際に死者が出たり、便所に火をつけることで魔鬼を追い払えるという信仰のせいで火事が発生したり、巫女が夜遅く鐘を鳴らして騒音を立てたりしていたからだ。

総督府はこのような行為を取り締まり、禁止した。ところが、それについて現代韓国の学者たちは「朝鮮総督府が朝鮮の民間信仰と伝統を弾圧、抹殺した」と評価する。朝鮮総督府が取り締まりを強化し、多くの行為を禁止したのは事実だが、これが果たして「伝統の抹殺」といえるのだろうか。それが本当に朝鮮総督府の横暴で、伝統の抹殺だと思うのなら、それらの「伝統」を今の韓国で復活させてはどうだろうか。

病に苦しんだらトイレに火をつけ、住宅街で深夜の12時に鐘を鳴らし、免許のない巫女が治療行為をしたら、今の韓国政府でも取り締まるだろう。しかし、韓国の「学者」たちは朝鮮総督府が行った政策をすべて「悪」と見なすため、公共道徳と常識に反する行為に対する取締りさえ「抹殺政策」と断ずるのである。

私が知っているある韓国人教授は冗談話で次のような話をしてくれたことがある。

日本統治期、しょっちゅう道に唾を吐く朝鮮人学生がいた。それを見た日本人教師が叱った。しかし、学生の癖は直らず、唾を吐き続けた。教師はそれを見るたびに叱り、罰を与えた。他の学生はその学生が日本人教師に毎日のように叱られるところを見ていた。戦争が終わるとその学生は〝日本人教師に抵抗し続けた勇気の持ち主〟と褒められるようになった。

この話をしてくれた教授は、笑い話だと言っていたが、私には悲しく聞こえた。それが充分あり得る話だと思われたからである。本当の話かどうかは別として、日本もしくは日本人に抵抗したという行為であれば、何でも褒められるという雰囲気は残念ながら今もなお韓国社会に根強く残っている。次に紹介する「独立有功者」がその例である。

1919年3月1日朝鮮半島全域で独立を要求する大規模なデモが起きた。「独立万歳！」を叫ぶことから始まったこの運動はだんだんエスカレートし、興奮した群衆による官庁襲撃、軍警の発砲に繋がり多くの財産被害と死傷者を出した。

韓国で「3・1独立万歳運動」と呼ばれるこの事件は、近現代史において重要な歴史的な事件でもあり、運動の主導者たちと参加者は独立有功者として社会的に尊敬と賞賛の対象でもある。

この3・1運動と関連して韓国政府が公認した独立有功者たちの記録と履歴を検索できるサイト[※2]がある。韓国の政府機関「国家記録院」により運営されている。ここに独立有功者として載っている李某氏は、「独立運動」に関わり1919年に懲役1年の判決を受け、これを理由に2009年に韓国政府から勲章を受けた人である。独立有功者として認められれば国から勲章を授与されることはもちろん、年金、支援金、税金免除、子孫の進学・就職において優先権が与えられるなど多くの恩恵を受けられる。ところで、懲役1年の判決を受けた彼の行動と罪名はいったいどのようなものだったのだろうか。彼の記録を紹介しよう。

> 1919年5月28日、京城で電車に石を投げガラスを1枚割った罪で逮捕
> 罪名「保安法違反往来妨害騒擾」

この時期はまだ朝鮮内でデモの雰囲気が収まらず度々官庁、派出所などが襲撃されることがあった。だが、公共の施設である走る電車に石を投げつける行為がいったい独立運動と何の関係があるだろうか。私にはただ個人的な鬱憤を晴らすための八つ当たりにしか見えない。

しかし、罪名には「保安法違反往来妨害騒擾」と記載されている。ここで重要なのは「保安法違反」である。保安法は社会の安寧秩序を維持するための法律で、朝鮮の独立を求めたり、デモに参加し騒ぎ出す行為はほとんどが「保安法」に触れる行為と見なされるので朝鮮人の立場から見ると悪法ともいえよう。確かに非常時とはいえ、ガラス1枚を割ったことで懲役1年は重刑であったとは思うが、平常時なら器物損害の軽犯罪として扱われるに違いない人が独立有功者として崇拝されることには違和感を覚える。ガラスを1枚割ったことが朝鮮の独立においてどのような「功」となったのだろう。

残念ながらこのような例は少なくない。3・1運動前後から終戦まで「保安法違反」で逮捕された人は多くが「独立有功者」に認定されたが、その中には強盗、窃盗、放火、脅迫、暴行などの罪名の人が少なくない。「独立運動の資金集め」という名目で同じ朝鮮人を脅迫し、殴り、殺した人たちも「独立有功者」として表彰されている。中には旅館に泊まっている朝鮮人を「日本のスパイ」と勝手に決めつけ、殴り殺して金を奪った人が独立有功者になったというような例もあるのだ。

このような行為ですら日本に対する「抵抗」「独立運動」として受け入れられている。なにせ、日本の行為はすべて「悪」でなければならないのだ。言い換えれば、韓国あるいは朝鮮はすべて「善」でなければならないということである。しかし、いくら独立運動のためとはいえ、同じ民族を脅迫し、金を奪い、殺すことが正当化されていいのだろうか。冷静に判断できる社会になって欲しい。

②民族主義的な性向

韓国では政府とマスコミが「日本」を語る際、間違いや誇張が含まれたり、客観性に欠ける主張が少なくない。しかし、韓国人は韓国と日本の主張が対立する時、無条件反射のように韓国の主張が正しいと思い、韓国を支持する。韓国人が外国、外国人と対立した時、「正しい方」の味方をするのではなく、「同じ韓国人」の味方をすることが「善」として受け入れられているのである。

例えば、2006年ドイツワールドカップの韓国対スイス戦で韓国が失点した際、審判がオフサイド判定を下さなかったことに対して韓国社会では大きな不満の声が巻き起こった。スイス側のプレーは明白なオフサイドで、スイスの得点は無効だという意見だった。多くの専門家、解説者も判定が間違っていると口を揃えるなか、現地でテレビ解説をしていた一人の解説者辛文善《シンムンソン》だけが「審判の判断が正しく、あれはオフサイドではない。韓国の失点だ」と明言した。しかし、その一言で彼はどうなったのか。彼は韓国で「裏切り者」「売国奴」と罵倒され、ものすごいバッシングに遭った挙句、翌日テレビ解説担当から外される。その後、彼はテレビから姿を消してしまった。逆に「オフサイドだ。審判の判定は詐欺だ」と叫んだ現役選手の解説者には熱い拍手が送られた。

ＦＩＦＡと海外の専門家たちは審判の判断が正しいと口を揃えたが、韓国で辛文善氏の判断が評価され、「名誉回復」するまでには1年以上の時間がかかった。

ここで重要なのは「オフサイドか否か」であるが、当時韓国では「韓国に不利な判定か否か」という問題として受け入れられ、ルールに従い「オフサイドではない」という人が批判されるという狂った光景が現れた。中立を守るべきマスコミも憤る群衆を恐れ、群衆の逆鱗に触れる声は一切出せなかった。

それは韓国社会の強い民族主義的な性向に起因するものといえよう。「正しい」ことより「同じ国、民族に味方する」ことが歓迎されるのだ。そして、相手が「日本」であればその傾向は益々強くなる。そして、このような傾向は「北朝鮮」と奇妙な連帯関係を生み出している。

韓国と北朝鮮は歴史観において天と地の差がある。共産・社会主義的な歴史観を持つ北朝鮮と資本・民主主義的な歴史観を持つ韓国に差があるのは当然だ。しかし、慰安婦、独島、強制連行、日韓関係史などについては韓国と北朝鮮は同じ声を出す。

実際、韓国で見られる反日の素材には「同じ民族」である北朝鮮、朝鮮総連から始まったものがそのまま輸入されたケースが多い。その中には間違い、虚偽の情報が含まれていることもあるが、韓国は「同じ民族」である北朝鮮、朝鮮総連の主張を信頼し、鵜呑みにしてきた。

例えば、好太王碑《こうたいおうひ》改ざん説がある。高句麗の第19代の王（好太王）の業績を称えるため5世紀に建てられた石碑を戦時中の日本軍が日本に有利な内容に改ざんしたという主張である。

これは1972年日本にある北朝鮮系の学校で長年歴史を教えていた在日朝鮮人李進熙《イジンヒ》によるものだった。彼の主張に具体的な証拠はなく、大半が「推測」に基づいたものだったが、韓国社会は日本批判に声を荒げる彼に無条件的に賛同した。もちろん、確認、検証などは必要なかった。彼の主張が「真実か否か」よりは「韓国の主張に有利か否か」によって動いたからである。

2006年中国で発見された最も古い拓本により改ざん説は論破され、その説は姿を消すことになるが、韓国社会はそれまで30年近く彼の「根拠なき主張」を支持してきた。その中で、北朝鮮と協力して日本に対抗する場面も見られたが、そもそもこの改ざん説が北朝鮮で始まったことには誰も注目しなかった。

北と南は現在も黄海で艦艇による銃撃戦、北朝鮮のミサイル発射、[※3]北朝鮮の延坪島《ヨンピョンド》砲撃事件など衝突を繰り返しながらもなぜか日本に対する「歴史問題」には協力体制を維持するという奇妙な行動を取っている。また、そのような活動を理由に北朝鮮と往来する歴史学者、市民団体、宗教団体が存在するが韓国政府は「反日」のためであれば彼らの活動に制裁を加えたりはしない。「宗教弾圧」、「独裁」、「親日政権」と批判されるからだ。

２０１０年11月に延坪島砲撃事件が起きてから10ヶ月後の２０１１年９月には「日本の略奪を恐れ北朝鮮地域に移した文化財〈大藏經〉記念行事に参加するため」という名目で仏教界を中心とする30人以上の韓国人が北朝鮮を訪問したのだがこの時も政府はそれを止めなかった。また、慰安婦問題を北朝鮮と共同対応することを表明し、１９９０年代から北朝鮮と協力してきた韓国最大の慰安婦関連団体「挺対協」(韓国挺身隊問題対策協議会)が金正日の死亡時、弔電を送った時も韓国政府は傍観するだけだった。日本と対決するための南北の連携なら、韓国政府であっても邪魔をしてはいけないのである。

しかし、日本と対決するため北朝鮮と協力する彼らが、残念ながら南北の衝突によって発生した死傷者、脱北者、拉致被害者、北朝鮮の飢餓問題の解決のため「協力」することはない。

話は変わるが、日本が相手になった場合は強い同胞意識、民族的同一性を感じる韓国人だが、意外なことに「海外で一番警戒しなければならないのは韓国人」というのが常識になっている。実際、韓国の検索エンジンで「해외(海外)」「한국인(韓国人)」「조심(用心)」をキーワードにして検索してみると、

「海外で一番注意しなければいけないのは同じ韓国人」という忠告が数え切れないほど並ぶ。

海外にいる韓国人ならそのような話を聞いたことがない人はいないといえるほど常識に近い。しかしなぜか「日本」が出てくると、その常識に反して同じ韓国人の話を絶対的に信奉するのだ。これが民族主義という名のマジックか、単なるパブロフの犬のような現象なのかは私にはわからない。しかし、「民族」という概念が正しい判断を邪魔してはいけないし、そういう習慣は韓国社会が捨てるべきものであることは間違いないだろう。

③魔女狩りとバッシング

もう一つ韓国社会が必ず無くすべきことの中には、「魔女狩り」と「社会的なバッシング」がある。今まで聞いたこともない新しい主張をする人がいて、それが納得できない内容であったとしても、暴力、脅迫に訴えることなどは絶対あってはならない。反論したいなら、誰もが納得できる客観的な根拠、方法で反論すべきだ。

しかし、今なお韓国社会では、韓国社会の常識、結論と異なる意見に対する社会的なバッシングと魔女狩りが横行している。「李栄薫《イヨンフン》教授暴行事件」がその代表例といえよう。

ソウル大学の経済史学者である李栄薫教授は「教科書に書いてあるような日本による米、物資の収奪はなかった」、「植民地時代について知っている韓国人の集団的記憶は多くの場合、作られたもので、教育されたものだ」という主張をしたことで有名な学者だ。それは彼の長年の調査と記録に基づいた主張だったが、韓国社会にはあまりにも唐突で、大きなショックを与えた。

李教授が2004年テレビの討論番組で「(日本の)公権力による強制的な慰安婦動員の証拠はまだ見つかってない」と発言するとマスコミ、市民団体、政党、一般市民から怒りの声が噴出した。彼が勤めている大学には彼の辞職、解雇を求める声が殺到し、インターネットは彼を批判する声で埋め尽くされるなどものすごいバッシングが起きたのだ。しかし、それは始まりに過ぎなかった。

2006年に開かれたあるシンポジウムで、李教授は乱入した市民団体の人々に胸倉をつかまれ、引き倒され、蹴られる、殴られるという暴行を受けた。顔面と腹部を殴られた李教授は血を流しながら救急車で運ばれるほどの事態となった。

市民団体の人々は終戦後の現代史に関する李教授の歴史観を問題視したのだが、これでは学問に対する明白なテロ行為である。学者の主張に対する反論が論文でも、コラムでも、声明文でもなく、拳と足蹴りだったのだ。乱入した市民団体は「民主主義」を崇高な精神として称える団体だったが、彼らの志す民主主義のレベルをうかがい知ることができる場面でもあった。

韓国の評論家やマスコミはヴォルテールの「私はあなたの意見には反対だ、だがあなたがそれを主張する権利は命をかけて守る」という名言を知識人気取りでよく口にするが、李教授の暴行事件に対して懸念を示す声を上げた人はほとんどいなかった。

韓国社会の常識を否定したり、異説を語ったりする人は李教授と同じ目に遭うことを覚悟しなければならない。特に官僚、政治家、教授、言論人、芸能人など社会的なステイタスを持っている人が公の場でそのような話をすることは社会的な自殺行為に近い。愛国心に満ち溢れた韓国人がネット上で誹謗中傷を行い、職場に行って解雇や退職を求め、シンポジウム会場に現れて拳を振るい、足蹴りを入れるからだ。

たまには「常識」に反する主張をする勇気ある人もいる。しかし、そういう場合も「韓国社会の不都合な真実」といったように、焦点をぼかすような婉曲表現を使い慎重に慎重を極める。だが、「真実」は不都合なものなのだろうか。私が知る限り「真実」は不都合なものではない。「不都合な真実」というのは「真実」を「不都合」に思う人がいることを前提に使う言葉だ。つまり、「虚偽」を「真実」のように言ってきた人が本当の真実を不都合に思うのだ。

個人が何かを不都合に思うか、思わないかを強制することはできない。しかし、韓国社会がより成熟した社会へ発展し、より事実に近づくためには不都合なことにも耳を傾ける「冷静さ」が必要ではないだろうか。

持つべきもの

①懐疑的に考える姿勢

韓国に生まれ、韓国の教育、報道という「反日シャワー」を毎日浴びてきた人々にとって自分が世界とは違う認識、目線を持っていることを自覚することは難しい。社会の常識を疑ったり、否定したりすることに慣れていないからだ。

それればかりか、韓国で懐疑的に考えるという行動は危険行為である。韓国側の主張に間違いがある場合も当然あるはずだが、韓国社会においてそれを否定することは「陰謀論」、「日本右翼と同じ主張」、「売国奴」、「親日派」と呼ばれ社会的なバッシングに遭う可能性が高いからだ。特に日本と関連するいくつかのテーマについては最初から「懐疑的な思考」が封鎖されている状態であると言っても過言ではない。

韓国の教科書の中には日本統治期に強制連行された人の数を650万人だと記述しているものもあるが、1940年20~40歳の朝鮮男性人口が321万人だったことを考えれば、誰もがあり得ない数字だと思うはずだ。そこに気付いたのなら、教科書の内容について誇張もしくは間違いがあるのではないかと疑問を持つようになるのが自然な流れではないだろうか。

しかし、このような現実性がない数字に対して韓国では教科書を疑うという反応が現れることはない。「強制連行650万人は誇張された虚偽」と主張した人は前述のソウル大学の李教授だが、彼の主張に公に賛同の意思を表明した人はいなかった。李教授の暴行事件を見れば当然口をつぐむようになるだろう。このようにして教科書内容について唱えられた異議は結局少数の異端者による意見として黙殺されることになり、650万人強制連行説はそのまま社会的な地位を得て確定されるのだ（もっともこの国においては日本により800万人の朝鮮人が虐殺されたと主張する歴史家が政府機関の首長になるくらいだからこの程度のことは不思議でもないが）。

ここで必要なのは韓国政府やマスコミが常に真実を語るとは限らないことを知ることである。これは真実に近づくための大前提ともいえるだろう。

古今東西を問わず支配層は特権を維持していくために、嘘と幻想を見せて真実を隠してきた。太平洋戦争時代に連戦連勝とニュースを伝えていた日本も、韓国より豊かな時代があったのにもかかわらず北朝鮮を地獄のような苦しい社会であると描写してきた韓国も、イラク侵攻の時「大量破壊兵器」があると主張した米国も、現在の韓国を独裁下で呻吟している国だと宣伝している北朝鮮もそうだ。

今考えてみれば苦笑するしかないような「間違った情報」ばかりだが、当時はみんな真剣にそれを信じていた。新聞、テレビ、政府が口を揃え同じことを言っていたのだからそう信じるようになるのが当然で、それを疑う人がおかしいと思われたのだ。しかし、ニュースや政府の発表に疑問を抱き、自分の目で証拠を確かめようとする行為は無駄な行為かもしれないが、批判されるべき行為ではない。

実際、韓国の政府とマスコミが伝える内容の中にも嘘、間違いは含まれている。例えば、第1章でも述べた「アリランが世界で最も美しい曲に選ばれた」と教える教科書、フランスの図書館に「東海」と記された地図が1枚もないのに「ほとんどが東海もしくは朝鮮海と記されている」と伝えるニュースがそのいい例である。

だが、それらの例を懐疑的に考え、好奇心、疑問を持つ人がいたからこそ、それが「間違い」であることが明らかになったのだろう。

2012年6月、ある研究所が韓国の大学生200人を対象に行った調査で、16%が「竹島は韓国の領土ではないかもしれない」と答えたとのニュースが報じられ、韓国社会に衝撃を与えた。16%という数字に韓国社会は戸惑いを隠せず「歴史教育を強化すべきだ」と声を上げた。しかし、彼らは16%という数字を0%近く引き下げれば満足するのだろうか。

もし地球が四角いと主張する人がいても、ショックを受ける人はいない。それが16%でも、20%でも。なぜなら、「地球は丸い」と思う人はそれについて確信を持っているため人の反応、他人の評価などは気にしないからだ。

そして何%であれ、数字は「真実」と「正しさ」を保証するものではない。例えば2011年7月北朝鮮で行われた地方人民会議代議員選挙が99・97%の投票率で、100%の賛成率を記録したというが、世界はその数字の意義を尊重し、讃えるべきだろうか。

②第三者の意見を尊重する姿勢

状況を正確に認識し真実に近づくために必要なものの一つが「第三者の意見」である。特に日韓問題のように二つの集団がお互いに異なる主張をする時、第三者の意見は貴重な判断材料となる。第三者の意見と忠告は韓国内の意見より客観性があり、歪曲の可能性が少ないという点において価値がある。しかし、韓国人は第三者の意見を耳にしたときアレルギー反応を起こすことが多い。反日シャワーを浴びてきた人には納得できないことが多いからである。

外国人が韓国について知らないことに腹を立て、逆に日本に高い興味を見せることに劣等感を覚える。また、日本が好かれることは「お金の力」と解釈し、韓国に関心がないことに屈辱を覚える。このように日本を強く意識する「強迫観念」を捨てることは簡単にはできないだろう。だが、井の中の蛙のまま取り残されたくないのなら日本はもちろん、中国、米国、台湾など世界各国の意見に耳を傾けるべきである。

しかし、残念ながら韓国社会には第三者の意見を謙虚に聞いてみようとする姿勢があまりにも不足している。２０１１年12月5日、済州大学の教授が書いた「済州日報（電子版）」のコラムの一部を引用する。

何年か前、東北亜歴史財団が主催した独島問題に関連する学術会議に参加し、私は次のような唐突な提案をしたことがある。「独島問題のように民族的な感情が支配する主題は既にお互いの結論が決まっているため、我々同士で討論をしても実益はないと思われます。韓国の主張を検証するためには、第三者を対象に調査をした方がずっと役に立つでしょう。日韓両国と利害関係がない第三者を対象に韓国と日本どちらの主張が妥当かを調査してみたらどうでしょうか」。しかし、当時多くの学者は韓国の主張と日本の主張を比べること自体がナンセンスで、日本の主張は無理強いに過ぎないため、そのような調査をする価値がないとの姿勢を見せた。

果たしてそうだろうか。韓国人でもなく、日本人でもない第三者も韓国の独島領有権主張を妥当だと思うだろうか。残念ながら私の判断では我々が期待しているだけの評価を受けることは難しい。むしろ、惨憺たる評価を受ける可能性すらある。

（「済州新聞」独島問題の不都合な真実／２０１１年12月５日）

彼の意見は韓国の主張をより強化するためもっと客観的な検証作業を行おうという前向きなものである。しかし、建設的な提案にもかかわらず、多くの人は検証を拒み、耳を防ぎ、目をつぶる。検証を試みようともせず、遮断するのだ。その理由はもしかしたら、拒む本人たちがその結果を一番よく知っているからではないだろうか。

第三者の意見が今まで持っていた常識、知識とズレがあって驚くかもしれないし、混乱を起こすかもしれない。しかし、その時第三者の意見を一方的に否定するのではなく、どちらの情報が正しいのかを冷静に確かめていくことは無駄な作業ではないはずだ。

③異説にも耳を傾ける姿勢

韓国社会では不都合な内容であれば第三者の記録だけではなく韓国の歴史書、記録だとしてもその詳しい内容は紹介されない場合が多い。朝鮮通信使として日本の繁栄と発展を見て記録した金仁謙の『日東壮遊歌』、清を見学して中国との交流と朝鮮の改革を訴えた朴趾源《パクチウォン》の『熱河日記』などがその例である。このような本の存在については学校で習うが、中に記されている朝鮮の問題点はあまり触れない。

「先駆者」朴齊家の苦悩

朝鮮後期、朝鮮という「洞窟」から出て、清を観察して帰ってきた朴齊家《パクチェガ》（1750〜?）という人物がいる。彼は中国を見学して大きなショックを受ける。当時中国は朝鮮が従っていた「明」が滅び漢族も満州族が建てた「清」の支配下にいた。朝鮮は明に事大していたため、明を倒し朝鮮を屈服させた清を嫌っていた。朝鮮は清の強大な軍事力の前に戦争では降伏せざるを得なかったが、心中では清を野蛮族と思い蔑視する傾向があった。

朴齊家が中国（清）へ行ってみると中国は朝鮮より遥かに進んでいて、余裕のある生活をしていた。

食糧は豊富だし、物資の流通も活発で人々はおしゃれを楽しんでいる。首都の漢陽（現在のソウル）ですら裸足の人が多い朝鮮とは天と地の差があった。朝鮮に戻ってから彼は清から色々なことを学ぶべきだと強調し、交流と視察団を増やすべきと主張した。

しかし、朝鮮の人々は彼の話を信じなかった。野蛮族の清が明の後裔を自負する朝鮮より豊かで、進んでいることを信じたくなかったからだ。彼の著書『北學議』をみるとこのような内容がある。

> 仮に「中国にも退溪《トェゲ》（朝鮮の思想家李滉《イファン》のこと）のような人がいて、崔岦《チェリプ》（朝鮮の名筆）のような書道家がいて、韓濩《ハンホ》（朝鮮の最高の名筆と呼ばれている人）より優れている名筆家もいる」と話したら、皆顔色を変え怒り出す。そして「そんなことが有り得るか」という。ひどい時はそのような話をした人を処罰しようとする。だが、逆に「満州の人が喋るのは犬の声のようで、食べ物は臭くて近づけない。蛇を蒸して噛んで食べるし、皇帝の妹は兵士と姦通し、賈南風（256～300：悪女として有名な中国の皇后）のような行動をしたりする」というと彼らは大喜びで、また他人にその話を伝えようと忙しくするだろう。（中略）（私の話を信じない）何人かと言い争いになった。そして、私を中傷する人が少なくなかった。
>
> （『北學議』朴齊家）

この記録で明らかになることは、清に一度も行ったこともない人が、実際行ってきた人の話を信じようとしなかったということだ。そして、清の発展ぶりを話したら耳を防ぐが、清は野蛮だと言うと喜びながらその話を広げるだろうという朴齊家の指摘は今日の韓国の姿と大して変わらない。日本の長所と学ぶべき所を話したら、耳を防ぐが日本の衰退、短所を話したら喜びながら頷くという点だ。

韓国人に「1人当たりの住居面積は日本が韓国より広い」「日本の労働時間は韓国より短いが、生産性は高い。休むことができずに働いているのは韓国の方だ」「韓国より日本の歴史教科書が客観的と評価されている」という話をしたら、顔色を変えて怒り出す。なぜなら彼らが持っている日本のイメージと異なるからだ。

しかし、逆に日本に行ったこともなく、日本の教科書を一度も目にしたことがない人に「日本人はウサギ小屋のような狭い住宅で暮らしている」「日本人は休めず、ロボットみたいに働いている」「日本の教科書は嘘が多い」と話したら、彼らは大喜びで、また他人にその話を伝えようと忙しくするだろう。

果たして韓国は朴齊家が生きていた朝鮮時代と比べて成長したといえるのだろうか。同じ韓国人の話ですら簡単には受け入れることができないのだから、他国、海外からの話を受け入れることは無理難題ともいえる。しかし、現代のグローバル社会の一員としての役割を担いたいと思うのであればいつも耳触りのいい話だけに耳を傾けるのではなく、まずは多様な意見を受け入れ、その中から発展を図る姿勢が必要ではないだろうか。

※１：『独立運動史資料集第13集』独立運動史編纂委員会１９７７
※２：国家記録院ホームページ／http://www.archives.go.kr
※３：延坪島砲撃事件／２０１０年11月23日に黄海の大延坪島近海で起きた朝鮮人民軍と韓国軍による砲撃戦
※４：「韓国経済新聞」２０１２年６月25日

第7章　日本社会への提言

最近の日本のニュースやインターネット上の話題を見ていると、10年前よりも韓国に対する関心が高くなったと感じる。韓国旅行、韓国製商品、韓国料理、韓国芸能人など過去に比べたら驚くほど大量の情報が日本に出回っている。しかし、同時に以前は韓国でしか見られなかった、いくつかの現象も日本で目にするようになった気がする。たとえば韓国関連ニュースに一喜一憂する日本人の姿である。

「日韓戦」を売る

ワールドカップ、オリンピックのサッカー試合、最近はWBCという国際野球大会まで創設され、日韓両国でもっとも人気が高いサッカー、野球の「日韓戦」を行う機会が増えてきた。以前は、サッカーは韓国が強く、野球は日本が強いというイメージがあったが、共にプロリーグの活性化によるレベルの向上、また、意外性のある短期戦ということも手伝って勝負を予測できない試合も多くなった。互角の相手に成長した両国の勝負は、宿敵関係にある両国の視聴者をテレビの前に釘付けにする。

韓国は昔から日韓戦には命懸けで挑んだ。日本統治からの独立後間もなくの朝鮮戦争（1950年）により国土が荒廃化した韓国は、経済事情がより後退し、日本との差は大きく開いた。経済、研究、文化の面で日本に挑む力すらなかった韓国にとって、日本に勝てる可能性のある唯一の分野が「スポーツ」だった。反日感情が強かった初代大統領李承晩は、日本遠征に発つ韓国サッカー代表チームに「日本にもし負けたら、玄界灘に身を投げろ」と厳命するほどだった。優勝は逃しても日本には勝つことが韓国選手らの最優先課題であった。このような風潮は今も変わらず、韓国国民の心を煽り立てる。中国、米国、台湾などに負けるより日本に負けることは屈辱中の屈辱であると感じる。

日韓戦を前にしたテレビ局は何日も前から予告を流し、アナウンサーと解説者は声を荒げて感情的なコメントをする。また、テレビの前の視聴者は勝ったら飛び上がるようにして喜び、負けたら泣いて悔しがる。これは、ワールドカップとオリンピックが行われるたびに繰り返される光景である。

しかし、最近は日本でもこのような光景が繰り広げられるようになったように思われる。もちろん、これは「テレビ」という媒体がないと起きないことだ。試合中継だけではなく、連日ニュースで日韓戦を強調し、「宿敵」というイメージを頭の中に叩き込む。この「ライバル」、「宿敵」というイメージはマスコミが作ったのではないかと思われる時もある。日本が明らかに強い、あるいは弱い種目でも相手が韓国なら何でも「ライバル」「宿敵」という表現を使うからだ。もちろん、隣国なので種目に関係なく、すべてに関してライバル意識を持つこともあるかもしれないが、その使用範囲と頻度がだんだん広がっている様子を見ていると、「日韓戦」という商品の用途を広げようという意思が働いているかのように思われる。

日本と韓国の国民が「日韓戦」という季節限定商品に喰いつくことが誰の役に立つだろうか。当然、テレビ局である。しかも、野球のように毎回の表と裏の後ＣＭを挿入できる試合はテレビ局にとって特需に他ならない。特に21世紀に創設されたWBCという野球大会の日韓戦は日本と韓国のテレビ局にとってドル箱だ。

当初、韓国で中継権を持っていたテレビ局はKBSのみであったが、「見る権利」を主張し途中からMBC、SBSの2社が参入。法廷の争いにまで持ち込み、結局3社が同時中継する珍しい事態に発展した。一つの試合を同時に3社が中継することは電波の無駄使いという批判もあったが、ワールドカップの時も3社同時中継の「実績」があったためか、それを気にする国民の声は大きくなかった。

何週間もテレビの前に集まって一喜一憂した日本と韓国の野球ファンには何が残ったのだろうか。彼らには勝者の快感と、敗者の屈辱感が残ったが、彼らをテレビの前に呼び寄せたテレビ局には「利益」が残った。大会終了後、韓国の新聞を飾った「WBCを中継したテレビ3社大儲け」[※1]という見出しがそれを物語る。

WBCは名前こそは立派な「国際大会」であるが、実際に国をあげて騒ぐのは日本と韓国くらいだ。野球の本場米国では関心も視聴率も低く、同時期に開かれる全米大学男子バスケットボールトーナメント（NCAA）の方がずっと注目を浴びている。それにもかかわらず、大会による収益の配給割合が最も大きいのは米国だ。

私にはこのWBCという大会は日本と韓国の関係と「特需」を察知した米国が日韓からの受益を狙って創設した大会ではないかとさえ思われる。日本と韓国を除けば、そこまでの関心を示す国はないからである。

それでも、日本のテレビ局は繰り返し試合映像を流し、スポーツ紙も集中報道をするものだから、あまり関心がなかった人たちもWBCと日韓戦に興味を示すようになりテレビの前に集まる。視聴率が高くなればなるほど放送局と主催者は儲かる仕組みになっているため好都合なことであろう。しかし、マスコミが盛り上げた「日韓用イベント」に対して頭を冷やし、それが果たして何の役に立つのか、一度冷静になって考えてみる必要があるのではないだろうか。

掲示板を見て記事を書く記者たち

韓国のマスコミの間で新しく定着した記事作成法がある。日本のインターネット掲示板2chを「取材」し、韓国について語られている内容を記事に仕立てあげるという方法だ。数多い韓国関連の書き込みの中で、韓国の記者たちのピックアップにより主題が選ばれるのだが、韓国の記者たちが選ぶ内容は大きく2種類である。一つは韓国人を喜ばせる話、もう一つは韓国人を怒らせる話だ。

日本の有名人が韓国を褒めた発言、もしくは批判した発言が2chで話題になり書き込みが増えると、それは間違いなく数時間後韓国のインターネットニュースに登場する。

2012年1月24日、午前11時02分。日本の「読売新聞（電子版）」には「韓流ドラマ抗議デモの無職35歳女、他人の保険証で受診…詐欺容疑で逮捕」といういかにも韓国人が喜びそうな記事が掲載された。これが15分後の11時17分2chのスレッドに登場し、さらに約10時間後の21時38分、韓国インターネット[※2]上にニュースとして報じられた。

隣国とはいえ大きな事件、事故なら速報としてすぐ伝わることもあるだろうが、たかが一般人の保険証不正利用のニュースが半日足らずの内に、しかも夜遅く韓国のニュースに掲載する価値があるのだろうか。それより伝える価値がある世界のニュースはもっと多いはずだ。このような日本のくだらないニュースまで「国際ニュース」として伝えている韓国インターネットニュースサイトの暇っぷりをうかがわせる出来事に他ならない。

韓国の大手マスコミの多くは「インターネットニュース部」という部署を設けている。その部署の仕事は海外のニュースサイト、掲示板を調べ、材料をピックアップすることだ。インターネット掲示板の話を集めて記事を書くため、間違い、確認が取れてない噂、誤報も多く、それがそのまま韓国に紹介されるケースも少なくない。

ところが、最近は日本のインターネットニュースの中にも韓国マスコミに酷似した行為をする媒体が登場した。海外（主に中国と韓国）の掲示板で、日本について語る内容をピックアップし、それをニュースとして紹介するインターネットマスコミ、ニュースサイトが現れたのだ。

内容と性向も酷似している。日本を挑発する内容、もしくは日本を褒める内容がほとんどである。例えば、各国の噂、掲示板の話を日本に紹介することで有名なS社が提供している記事を見ると「【韓国BBS】日本のアニメと韓国ドラマ、どっちが優れている?」「【中国ブログ】日本企業の企業精神を称賛『これは日本だけ』」「【韓国ブログ】日本の紅白歌合戦にいよいよ韓流グループが登場する！」「【米国ブログ】スタバの日本限定メニュー『日本文化の融合に敬意』」のような比較、優劣、他人の目を意識した内容が多い。

私が残念に思うのは、このような行為をする主体が「個人」ではなく、「マスコミ」、「ポータル」という看板を掲げている組織であることだ。いくらポータルサイトでもニュースを発信するなら「ジャーナリズム」というものを持つべきではないだろうか。ただ、サイト訪問者とネット広告のクリックだけを狙い、各国のセンセーショナルなニュースや話題を拾ってきては、それを翻訳するだけで伝えるという行為は、日本社会のために何の役にも立たない。他国を馬鹿にする風潮や、他国に対する怒りの感情しか生まないだろう。「ジャーナリズム」が望めないのであればやはり、視聴者、ネット利用者が自ら判断しそういうサイト、ニュースと距離を置くことだ。

例えば、アダルトサイト、残酷な写真が載っているサイトなどは、それを面白がる人もいれば、それを有害と判断し見ない人、無視する人もいる。噂話だけを伝えるサイト、ニュースについてもその弊害を冷静に考えてみて判断、行動することが必要であろう。

怒り、大声、唐辛子――韓国式「抗議」

2011年8月、竹島に近い韓国の鬱陵島《ウルルンド》にある「独島博物館」を視察するため自民党議員3人がソウルの空港に到着したが、韓国政府が入国禁止措置を取ったためそのまま日本への帰国を余儀なくされた事件が起きた。韓国政府は「韓国の利益や公共の安全を害するおそれのある外国人の入国を禁止できる」とした出入国管理法の規定に基づき3人の入国を拒否したのだが、これは日韓両国間の外交問題にもなりかねない出来事だった。

当時、ソウルの金浦空港の外には数百人もの韓国人が集まって、自民党議員3人を糾弾する集会を開き、塩と唐辛子粉を空港にばら撒いた後、3人の写真に火を付けるという乱暴な行動を起こした。空港には多くの警察が配置されていたのだが、空港で唐辛子を撒きながら泣き叫ぶ彼らを止められなかった。おそらく止めなかったのだろう。

しかし、この風景を第三者が見たらどう思うのだろう。3人の議員は乱暴な行動も、言説もせずただ「視察」を試みただけだった。もちろん政治的な意図と計算はあったかもしれないが、それは本人が胸中を明かさない限り断定できないことである。

それに比べて韓国側は曖昧な理由を挙げながら入国禁止措置を取り、集団で威嚇行動をしながら怒りを爆発させた。さらに、鬱陵島まで船の定期便を運航する会社は日本人乗船拒否まで宣言した。これを見たら、具体的な事情は知らない外国人でも、韓国側の言い分に説得力がないように見え、韓国側が何かを恐れているように見えるだろう。そして、韓国の暴力的な行為を見ては眉をひそめるに違いない。つまり、韓国側の反応は韓国のイメージを悪くするだけだったのである。

しかし、唐辛子を撒き散らし、自民党議員の写真に火をつけた人たちは自分を「愛国者」と思うだろう。そして韓国のマスコミ、そして知識人たちでさえ、彼らの感情的で乱暴な行動に何の批判もしないためそれがどれだけ愚かな行為であるのかに気づくことさえもできない。

反対と否定の意思は「言葉」と「穏やかな行動」でも充分示すことができるのになぜ「暴言」と「唐辛子」と「火」を持って主張しようとするのか残念極まりない。


ところで前述の騒動の数週間後、日本で韓流抗議デモが行われたとのニュースを聞いた。韓流抗議デモとは、韓国芸能人が登場する番組や韓流ドラマばかりを繰り返し放送するメディアに対する抗議活動の一つで、韓流関連番組の放送が多いテレビ局と番組のスポンサーに対して起こした反対運動を指す。このデモの参加者たちは、インターネットを中心に参加を呼びかけ、テレビ局とスポンサー企業の前でデモ行進および糾弾大会を開いた。

デモの様子をテレビで見た私は驚いた。度を越えているように見えたからだ。デモ行進の主催者側に見える人物はマイクを握り、韓国人女優の名前を言いながら「○○を殺せ！」と叫んでいた。


これを見た第三者、世界の人々はどう思うのだろうか。日本人は韓流の勢いを恐れている、脅迫としか思えない言葉の暴力を使っていると思うだろう。どう考えても日本のイメージを悪くする行動にしか見えない。日本人の中にも彼らのやり方を「下品だ」と思う人もいたのではないだろうか。

中国と韓国のデモ活動は熱くなりやすく、感情的になるケースが多い。それに比べて日本は冷静で、落ち着いた反応をすると私は思っていた。そして、それが「筋を通す」ことを好む日本人の美徳でもあると。しかし、罵声と脅迫の大声が飛んでいたあのデモ行進はどちらかというと韓国の反応に近いように見えた。

デモの参加者たちは公共の電波を使うテレビ局が偏った放送をしてはいけないと主張する。偏重報道が視聴者の見る権利、選択する権利を侵害していると。

彼らは本当に「見る権利」のためにデモを行ったのだろうか。私にはそうは思えない。もし、彼らが見る権利のために戦おうとしているなら、巨人を中心に行われるプロ野球の報道、中継に対しても何かのコメントをすべきだ。また、ジャニーズ、吉本興業が中心になって編成される音楽番組、芸能番組についても同じである。

しかし、彼らはそのような行動は起こさない。それを考えるとフジテレビの前で行われた反韓流デモは不自然に見える。彼らは最初から「見る権利」などには興味がなく、単なる「韓国嫌い」だっただけではないだろうか。

この反韓流デモについては日本内でも冷たい視線があるようで、有名人の中にも「韓流が嫌いなら、見なければいい」「それである程度視聴率取るんだからしょうがない」というコメントをする人もいた。私も同感である。韓流抗議デモの参加者たちは大勢の人数が集まったことで力を示したと思うかもしれないがそれは自己満足である。むしろ、彼らの乱暴な行動は、海外、そしてマナーと礼儀を重んじる日本の人々の眉をひそめさせただけではないだろうか。

昔の日本はよく「恥を知る文化」という言葉で表現された。日本人は他人の目を気にしすぎると揶揄されることもあるが、私は悪いことだとは思わない。それにこの場合の「恥」は、他人に見られてという側面もあるが、自分の心に問うたときに、というのが本来の意味ではないだろうか。「日本人として恥ずかしくない行動」をできるのが日本人だと、手本を示して欲しい。

日本内部での「整理」が必要

私は日韓関係が成熟し、より友好的な関係として成長するためには、各々に残された課題をクリアにする必要があると思う。韓国に必要なのは繰り返し述べてきたように画一的に教育され、好都合なことばかり聞かされてきた「反日システム」から抜け出すことである。

一方、日本に必要なことは「過去の整理」だと思う。ここでいう整理とは、今まで片付けられることなく、流れてきたデマ、都市伝説、嘘を片付ける作業であり、ここでいう「過去」とは主に日本帝国時代ではなく、戦後の話である。

例えば過去には日本国内でも北朝鮮シンパによる北朝鮮賛美、在日朝鮮人および日本の左派による日本の戦争犯罪批判などが行われていた。これについては、佐々木敏氏の指摘も参考になるだろう。

研究者などが都合のいい証拠ばかりを集めて自説を証明しようとすることを、心理学用語で「確証バイアス」という。従来、韓国の歴史教科書を読む日本人の大半は歴史学者など心理学の素人であり、左翼的な思想を信奉して「反日確証バイアス」とでも呼ぶべき心理状態に陥り、「日本帝国主義は戦前に朝鮮半島で悪いことばかりしていたに決まっている」という仮説を持ち、それを証明するのに都合のいい証拠を集めることに専念し、韓国の歴史教科書の記述に含まれる矛盾や、その社会心理学的な意味にはなんの関心も持たない人が多かった。

（佐々木敏メールマガジン「屈辱の歴史教科書〜月刊アカシックレコード120725」）

残念なことに戦後、日本国内の左派知識人、朝鮮総連などが主張した内容の中には不正確な情報、間違いも多く含まれていた。そして、真偽が究明されていないまま、時間だけが経ってしまったために、いまだ事実として信じられていることも少なくないが、過去の間違いについての反省、批判の声があまりにも少ない。それらについて「整理」が必要だという指摘は、なにも韓国についてのみなされなければならない話ではない。

私が期待するのは、不正確な情報を広げた人たちに対する社会的なバッシングではない。過去の出来事に対する分析を通して、過去の判断と言動が正しかったのか、間違っていたとすれば、なぜその時はそのような言動を取ってしまったのか、そしてそれが結果として日本社会へどのような影響を与えたのかを究明することである。

その作業が必要な理由は、過去に広がった「間違い」や「デマ」が現在も「常識」として定着しているケースが日本社会にも多数存在するからだ。それは第5章までに見てきた韓国国内でのケースと同様、日本国内においても日韓関係に不協和音をもたらす原因となっている。やみくもな反省や批判を求めているのではない。日韓の不和を招いている「デマ」を訂正し、意図的にそれを広げた日本社会内の「原因」に対する追及と、意図的にではなかったにしろ、間違いに気づかないまま広げてしまった報道、マスコミ等に、その原因と今後同じ間違いを起こさないようにするための改善を求めているのである。

同等な関係としての日本と韓国

最後に、「一般的な日本人」の話をしよう。日本社会には20世紀に日本が起こした戦争に対する「罪の意識」がある。もちろん、当時の戦争において日本は「加害者」である。しかし、加害行為は「戦争当時」に行われたものであり、現在の日本と日本人が加害者というわけではない。

私が日本で会った日本人の中には過去日本が韓国を併合、統治したことについてまるで自分が罪を犯したように申し訳なさそうな態度を取る人がいた。率直に言って私はその時戸惑った。どう接したらいいかわからなかったからだ。「この人は私が日本に対して謝罪を求めているとでも思っているのか」、「50年、100年前に起きた自分と関係のないことに対してなぜ申し訳なさそうに思っているのだろうか」という疑問が頭から離れなかった。

しかし、韓国に対して「申し訳なさそうな」行動を取る人たちに、「何が悪かったと思うか」と聞いてみると具体的な事例についてはあまり知らない場合が多く、知っている内容も不正確なことが多かった。

彼らのほとんどは、創氏改名をせずに道知事、総督府官僚、帝国軍人になった朝鮮人もいたことを知らず、朝鮮人が日本軍志願兵に殺到したことも知らない。それにもかかわらず「申し訳なさそうな」態度でむやみに謝るのだ。韓国人としてそのような「無条件反射」は嬉しくない。日本の統治が韓国にもたらしたものの中には、良い点も悪い点もあるはずなのに、詳しい事情を知らないままに、悪いことをしたのだろうという「罪の意識」だけで謝るのでは何の意味もないのではないだろうか。

自分が属している国家、集団、組織が行ったことについて、個人が責任を感じることはもしかすると人間の本能に近いものかもしれない。私も同じような気持ちになったことがある。

千葉にある日本語学校の寮に住んでいる留学生たちと話す機会があったが、お互い下手な日本語で話し合う時、私はベトナムから来日している友達がいた。そこに遊びに行った時ミャンマー、タイ、中国、ベトナムから来た学生に「申し訳ないと思う」と話したことを覚えている。ベトナム戦争に米軍と共に参加した韓国軍がベトナムで民間人虐殺事件を起したことを思い出したからだ。その時ベトナムからきた学生は私に次のようなことを言ってくれた。

「それは、あなたが犯したことではないし、個人の力で止められることでもなかった。そして私がその事件の被害者でもない。あなたの気持ちはわかるが、初めて会った私にそのような罪の意識みたいなものを持っていたら、あなたと私は友達になれない。同等な立場で話し合えるのが友達だ」

この言葉に私は色々考えさせられた。正しい意見のように思われたからだ。だとしてもベトナムやベトナム人に対する妙な感情が一気に消えたわけではない。しかし、過去の悲劇の歴史は心の中に収めつつ、同等な立場でお互い意見を交換し、長所と短所を言ってあげられる関係こそ真の友情に発展できるとの確信を持つようになった。

私が日本社会に話したいことも同じ内容だ。

「国家」と「個人」を同一視することはもしかしたら全体主義的な発想の産物かもしれないが、特に韓国社会にはまだそのような傾向が強く残っている。韓国代表チームが試合で勝ったとき、女子フィギュアの金妍兒が世界選手権で優勝したとき、海外で韓国ブランドのサムスン広告塔が堂々と立っているのを目撃したとき、自分が成した偉業のように胸を張る。逆に、外国人が韓国を、金妍兒を、サムスンを侮辱したら、自分が侮辱されたかのように不愉快になる。国家、企業、スポーツスターを自分と同一視しているからだ。この性向が、過去の戦争とは関係ない現在の日本人に謝罪と反省を期待する原因かもしれない。

過去の歴史について、相手の苦痛と苦悩について同情の気持ちを持つこと、悲しむことは人間が持つ崇高な精神だ。しかし、それだけでは絶対に関係が回復、改善されていくことはない。韓国社会にも寛容の精神は必要だが、日本社会が韓国に対して気を使い、一方的な加害者の立場に自ら立ち続けることも望ましくない。いつまでもそのような加害者の意識を持って相手を眺めることこそ韓国に対して失礼だ、という見方もできるのではないだろうか。韓国も被害意識とコンプレックスから自分の力で抜け出さなければならない。そのため、同等な立場で助言と叱咤を惜しまないことこそ「友情」であり、日本社会に期待したい行動である。

※1：「デジタルタイムス」2009年3月26日
※2：「国民日報クッキーニュース」2012年1月24日

おわりに

私が自分の目で観察した「日本社会」は特別な国でも、不思議な国でもなかった。いい人もいれば、悪い人もいた。真面目な人がいれば、真面目ではない人もいた。しかし、韓国より進んでいる社会であり、学べるところも多いと感じたのは事実だった。

実は私が違和感を覚えたのはむしろ韓国に戻った時だった。韓国の人々は私が見た日本、私が接した日本人について私の話を信じようとしなかった。そして、韓国の問題点を語る際、日本を例に挙げたり、日本と韓国を比較しようものなら急に顔色を変えて怒りだした。そのような反発は米国、ドイツなど日本以外の国と韓国を比較する時にはほとんど現れない。むしろ、学ぼうという雰囲気さえ出てくる。

私は彼らがそのような反応を見せることに何らかの理由があると考えた。そしてその時のショックがこの本を書く原動力となった。

戦時中の日本も、情報の遮断と扇動的な教育により多くの子供が軍国少年として育った。少年たちは「鬼畜米英」について考えてみる余裕もなく、疑うことすら想像もできないまま、成長した。しかし、当時為政者たちが語り、教えていたのはすべて真実だったのだろうか。そうではなかった。その中には誇張、間違い、嘘が含まれていた。しかし、軍部に代表される当時の為政者たちは自らの目的のため、国民の考えをコントロールする必要があった。国への忠誠、戦禍に対する忍耐のため米英への憎しみが必要だったのだ。そのような雰囲気の中で育った少年たちもある意味「被害者」ではなかっただろうか。

もし、現代の日本人が過去に戻り、戦時中の軍国少年たちと出会ったなら何が起きるだろうか。恐らく当時の少年たちと共感し合うことは相当難しいだろう。現代の日本人が話す内容を戦時中の少年たちは信じられないだろうし、反発し、混乱を起こすに違いない。そして恐らく戦時中の少年たちの主張を受け入れることができないのは「現代の日本人」の側も同じであろう。

だが「現代の日本人」は「過去の日本の軍国少年」を憎むだろうか。少なくとも「現代の日本人」は70年前の少年たちが「軍国少年」だということを知ってはいるが、憎んだりはしていないのではないだろうか。彼らを憎んだりしない理由を考えてみて欲しい。理由は一つではないだろう。自分たちの祖先だから、その時代に興味がないから、知らないから、彼らが今の自分たちに実害を与えるケースを想像しにくいから。だが最大の理由は彼らが「軍国少年」になりたくてなったわけではないことを知っているからではないだろうか。

ところで、彼らと対話をするためにはどうすればいいだろうか。むやみに「現代の」価値観だけを持って、まったく違う彼らの認識を責めるよりは、彼らが育ってきた環境、学んできたことを知り、その問題点や矛盾を指摘したり、冷静に考えてみることを訴えることが効果的ではないだろうか。

ニュースを通して激しい反日デモを繰り返す韓国を見た日本人はただ「韓国人は日本が嫌い」と距離

を置き、韓国芸能人にはまっている人を見ては「洗脳されている」と思うかもしれない。しかし、韓国社会がなぜそのような反応をしているのかわかれば、無条件的な嫌悪感を持つことはないはずだ。平和、共生など耳当たりのいいことを主張するつもりはない。しかし、韓国の反日システムの構造を知ってもらうことで嫌悪感を捨て、韓国人と「対話」する方法を考えるきっかけとしてもらえれば幸いだ。

2012年9月　崔 碩栄

〈主要参考引用文献〉

『日韓交流スクランブル』小針進／大修館書店／2008
『高等学校　国史（上）』国史編纂委員会／1996
『小学校4年　道徳4―1教科書』2010
『アボジ聞かせて　あの日のことを―我々の歴史を取り戻す運動報告書―』在日本大韓民国青年会中央本部刊（1988）
『白凡逸志――金九自叙伝』梶村秀樹訳注／平凡社／1973
『金九』キム・ソジョン著／韓国チャイルドアカデミー／2010
『金九』イ・チョルミン著／マエストロ／2009
『金九』イ・クァンヨル／フクマダンオリンイ／2008
『金九』ソン・ジェチャン／ヒョウリウォン／2008
『頑固もの、大韓民国の門番になる　金九』イ・スンヒ　ジャラムヌリ／2007
『両班も目覚めろ！　賤民も目覚めろ！　白凡　金九』カン・ムジ／ウリ教育／2011
『金九』キム・ゾンリョル　ビリョンソ／2009
『民族の師匠　金九』ソン・ジェチャン　ジギョンサ／2005
『殉國處女柳寛順傳』田榮澤／首善社／1948
『3・1運動の魂　柳寛順』韓国独立運動史研究所／歴史空間／李廷銀／2010
『芝峰類説』李睟光
『柳寛順』ヤン・ミエ著　ジャラムヌリ／2007
『柳寛順』ソン・ヨンジャ著／ヒョリウォン／2008
『柳寛順』コン・ジエ／韓国チャイルドアカデミー／2010
『柳寛順』ユ・ウンシル　ビリョンソ／2009
「歴史教育においての韓日関係と民族主義」『歴史教育』第95集／朴中鉉／2005

「韓日関係史授業で教師が感じる困難の要素と性格」許信惠『歴史教育研究』Vol. 11／2010
『宣祖修正實錄』26巻
『日東莊遊歌：ハングルでつづる朝鮮通信使の記録』金仁謙著、高島淑郎訳注／平凡社／1999
『東アジアの戦争と平和』ハンギル新人文総書／李三星／2009
『独立有功者証言資料集1巻』國家報勳処／2002
『日本に対する敵意と自国中心主義が製品の満足度および再購入に及ぼす影響に関する研究』イ・ヒョンソク、イ・ギスン／流通研究第10巻第4号／2005
『在日本朝鮮人運動と総連の任務』朝鮮労働党出版社／2000
『歴史再検証　日韓併合』崔基鎬／祥伝社／2007
『朝鮮半島から九州大学に学ぶ：留学生調査（第1次）報告書1911～1965』九州大学韓国研究センター／2004
『アオモリを越え北海道へ（強制動員口述記録集11）』日帝強占下強制動員被害真相究明委員会／2009
『日帝末期教師養成教育に関する口述史研究』朴鎭燮／公州教育大学校／修士論文／2008
『殴り殺される覚悟で書いた親日宣言』チョ・ヨンナム／ランダムハウス講談社／2005
『大韓民国の物語』李 榮薫／文藝春秋／2009
『反日ナショナリズムを超えて　韓国人の反日感情を読み解く』朴 裕河／河出書房新社／2005
『和解のために　教科書、慰安婦、靖国、独島』朴 裕河／平凡社／2006
『母国に向けた在日同胞100年の足跡』在日同胞母国功績調査委員会／在日同胞財団／2008

著者略歴
崔 碩栄（チェ・ソギョン）
1972年韓国ソウル生まれ。韓国の大学で日本学を専攻し、1999年渡日。関東地方の国立大学で教育学修士号を取得。ミュージカル劇団、ＩＴ会社などで日韓の橋渡しをする業務に従事する。
2009年韓国へ帰国し、著作活動を開始。
2010年韓国メディアの反日扇動を告発した『김치애국주의―한국 언론의 이유없는 반일（キムチ愛国主義―韓国言論の理由なき反日）』を上梓。
同書が韓国文化観光部が選定する2011年社会科学部門優秀推薦図書に選ばれる。
現在、フリーライターとして活動、日本に関する紹介記事を中心に雑誌などに連載を持つ。

韓国人が書いた
韓国が「反日国家」である本当の理由

平成24年10月23日第一刷
平成24年10月25日第二刷

著　者　　崔 碩栄

発行人　　山田有司

発行所　　株式会社　彩図社
東京都豊島区南大塚3-29-9
中野ビル　〒170-0005
TEL：03-5985-8213　FAX：03-5985-8224
郵便振替　00100-9-722068

印刷所　　新灯印刷株式会社

URL：http://www.saiz.co.jp
http://saiz.co.jp/k（携帯サイト）→

ISBN978-4-88392-888-0 C0036